Sachsen

Früher und Heute

Sachsen
Früher und Heute

KOMET

Inhalt

www.komet-verlag.de
Gesamtproducing: twinbooks, München
(Verena Kraschowetz, Jennifer Künkler)
Text: Claudia Gründig
Gesamtherstellung: KOMET Verlag GmbH, Köln

ISBN 978-3-89836-924-4

BUNDESVERWALTUNGSGERICHT

LEIPZIG
75

Einleitung

Abwechslungsreiche Kulturlandschaft inmitten von Europa – Auf den Spuren des jungen Goethe sowie auf den Wegen von Caspar David Friedrich und Ludwig Richter kann man durch Sachsen wandern und eine Landschaftsvielfalt entdecken, um die das Bundesland von anderen beneidet wird. Schiefe Ebenen, Täler und Hügel, Heide und Wald, aber auch Gebirgszüge, Weinhänge und reizvolle Seen - all das macht die Region so einzigartig und schön.

Sachsen ist geprägt von der achthundertjährigen Geschichte des Fürstenhauses Wettin, das seinen Ausgangspunkt in der 965 gegründeten Markgrafschaft Meißen hatte. Im Jahr 1517 wurde das Kurfürstentum durch Martin Luthers Thesenanschlag zum Mutterland der Reformation. Nach zahlreichen Entbehrungen durch den Dreißigjährigen Krieg (1618–1648) und den Siebenjährigen Krieg (1756–1763) erblühte Sachsen zu einem Land der Wissenschaften und der Kultur. Neben dem Silberbergbau, der im 12. Jahrhundert eingesetzt hatte, wurde die sächsische Wirtschaft durch den Bau von Manufakturen gestärkt. Zum Königreich erhob man Sachsen 1806. Nachdem im November 1918 die Monarchie zusammengebrochen war, rief man die Republik Sachsen aus und König Friedrich August III. dankte ab. Laut Verfassung wurde Sachsen dann zum Freistaat. Ab 1943 erlebte das Land noch einmal große Zerstörungen – alliierte Luftangriffe auf sächsische Städte hinterließen unzählige Trümmer und Ruinen. Dem Wiederaufbau der Kriegsschäden zu Zeiten der Deutschen Demokratischen Republik folgte 1990 die deutsche Vereinigung.

Mit Dresden, Leipzig und Chemnitz besitzt der älteste deutsche Freistaat drei bedeutende Stadtlandschaften: Die im Zentrum gelegene Landeshauptstadt Dresden wird durch die Residenz verkörpert. Ab dem 15. Jahrhundert regierten hier Herzöge, Kurfürsten und Könige. Einer von ihnen war Friedrich August I., genannt August der Starke, der die Stadt und das Kurfürstentum zum Mittelpunkt europäischer Politik, Wirtschaft und Kultur werden ließ. Im Gegensatz zu Dresden wuchs Leipzig zu einer Handelsstadt europäischen Rangs. Mit einem hohen Maß an Kaufmannsgeist bauten die weltgewandten Händler der Stadt das Messewesen auf und machten durch den Buchhandel von sich reden. Leipzig wurde ferner zu einem Zentrum für die schönen Künste und die Wissenschaft. Die Hauptstadt der politischen Wende von 1989 gilt als modernste der sächsischen Großstädte. Die einstige Weberstadt Chemnitz hingegen hatte sich den industriellen Aufschwung auf die Fahnen geschrieben. Nicht umsonst wusste der Volksmund zu Zeiten des aufstrebenden Manufakturwesens zu berichten: Chemnitz erarbeitet das Geld, Leipzig mehrt es durch den Handel und Dresden gibt es aus.

Die Sachsen lieben ihre Historie. Und sie verstehen es, sie bei jeder Gelegenheit zu feiern. Bei zahlreichen Straßen- und Volksfesten, bei Festspielen und auf Weihnachtsmärkten erwachen alte Traditionen und Bräuche zu neuem Leben. Der Freistaat gilt als Land der Künstler und Denker. Ob Gotthold Ephraim Lessing, Karl May, Johann Sebastian Bach oder Richard Wagner – sie alle haben ihre Spuren in der Weltgeschichte hinterlassen.

Am eindrucksvollsten lassen sich die Geschichten von den Veränderungen des Freistaates durch packende Bilder erzählen. 70 Bildpaare in diesem Band dokumentieren Wandel und Kontinuität, machen die Geschichte des Bundeslandes lebendig und bieten Stoff zum Nachdenken über die Zukunft. Die eindeutige Sprache, die die einzelnen Bildpaare in ihrem Nebeneinander sprechen, ermöglicht den Blick auf eine verborgene Vergangenheit und lässt die Gegenwart in einem neuen Licht erscheinen. Entdecken Sie Sachsen, wie es vielfältiger und bemerkenswerter nicht sein könnte - früher und heute.

Ein Buch, das nachdenklich macht - Bilder, die uns die Augen öffnen.

In alter Pracht Während der Frauenkirchen-Festtage 2008 präsentiert sich die Frauenkirche festlich beleuchtet. Nachdem der Sakralbau während des Zweiten Weltkriegs vollständig zerstört wurde, erstrahlt er seit 2005 in neuem Glanz.

Blick auf Chemnitz Bei Einbruch der Nacht präsentiert sich die Stadt in hellem Lichterglanz. Im Zuge der Neugestaltung der Innenstadt entstanden rund um das Rathaus verschiedene Einkaufszentren, welche die Innenstadt beleben sollen.

Chemnitz und Umgebung

Maschinenbau und Karl-Marx-Monument Ursprünglich nach einem Fluss benannt, nahm Chemnitz 1953 den Namen des Kommunisten Karl Marx (1818–1883) an, wobei dieser die sächsische Stadt niemals betrat. Da sich die eigenwilligen Einwohner nie mit dem Änderungsbeschluss der SED anfreunden konnten, forderten sie 1990 ihren alten Stadtnamen erfolgreich zurück. Dennoch sind die Chemnitzer ihrer Heimat nicht immer gewogen. Wenn sie es geringschätzig „Chams" nennen, geschieht dies in Anlehnung an die alten Beinamen Ruß- oder Rotes Chemnitz. Dabei vergessen sie leicht, dass Chemnitz an der Wende vom 19. zum 20. Jahrhundert eine überaus florierende und reiche Industriestadt war.

Chemnitz – Petrikirche
Unveränderter Backsteinbau am Theaterplatz

1960er-Jahre Die Industriemetropole Chemnitz, drittgrößte Stadt in Sachsen, konnte sich nie mit der Architektur der barocken Kunststadt Dresden oder der modernen Handelsstadt Leipzig messen. Dennoch besitzt sie einige schöne Flecken zwischen den vielen Schornsteinen und Fabrikanlagen. Der schönste von ihnen ist heutzutage der Theaterplatz im Zentrum der Stadt. Vermutet hätte dies in den 1970er-Jahren – als die Stadt den Namen Karl Marx' trug und von der Sozialistischen Einheitspartei Deutschlands (SED) zur sozialistischen Musterstadt ausgebaut wurde – niemand, denn das Areal vor dem mit DDR-Fahnen verzierten Theaterhaus hatte man nach dem Ende des Zweiten Weltkriegs zum Parkplatz umfunktioniert. An seiner Nordseite steht das älteste Bauwerk am Platz: Die neogotische St. Petrikirche hatte Zerstörungen alliierter Bombenangriffe von 1944 und 1945 unbeschadet überstanden. Errichtet worden war das Sakralgebäude mit der 82 Meter hohen spitzen Turmhaube in den Jahren 1885–1888.

Eingebettet ins Platzensemble 1909, nur wenige Jahre nach Ende des Kirchenbaus, vollendete man in nächster Nähe ein neobarockes Theater und den König-Albert-Museumsbau. Zusammen mit der Petrikirche fasst das Museum den weitläufigen Theaterplatz ein. Von der Straße der Nationen, der 1799 angelegten städtischen Nord-Süd-Verbindung, blickt man geradewegs auf das 1947–1951 neu erbaute und 1992 restaurierte Theaterhaus, das heute als Operntheater dient. Das Museum auf der linken Seite des Platzensembles beherbergt gegenwärtig die Städtischen Kunstsammlungen mit Werken aus Malerei, Plastik und Grafik.

Chemnitz – Roter Turm

Letztes Stadtbefestigungsrelikt

1970er-Jahre Der frei stehende Rote Turm in Chemnitz wurde bereits im 12. Jahrhundert errichtet. Das älteste erhaltene Bauwerk der Stadt ist damit viel älter als die im Hintergrund sichtbaren Rathäuser. Wie auf dem Bild kaum noch zu erkennen, besitzt der Turmbau ein rotes aufgesetztes Obergeschoss, dem er wohl seinen Namen verdankt. Gebaut als verteidigungsstarkes Wohngebäude wurde der Rote Turm später in die mittelalterliche Stadtmauer eingegliedert. Von hier aus verwaltete der Stadtvogt die Rechte der Reichsstadt. Zugleich befand sich auch ein Verlies im oberen Teil der Turmanlage. In ihm musste 1885 unter anderen der Arbeiterführer August Bebel (1840–1913) für sechs Monate ausharren. Wohl dieser Funktion als Gefängnis ist es zu verdanken, dass das heutige Wahrzeichen von Chemnitz der einzig verbliebene von 24 Stadttürmen ist. Alle anderen wurden im 19. Jahrhundert abgerissen.

Von bunten Beduinentüchern umgeben Dieses Foto vom Juli 2008 zeigt den Turm in einer völlig neuen Perspektive: Er wurde zu einem Kunstobjekt, das vor dem Einkaufszentrum „Galerie Roter Turm" Neugierige anlockte. Unter der geschweiften Barockhaube hatte man um die Fassade herum vier großformatige Stoffbahnen angebracht. Erdacht und umgesetzt hatte diese Verhüllungsaktion die deutsch-ägyptische Künstlerin Andrea Taha (* 1968), die auf den Leerstand des Gebäudes aufmerksam machen wollte. Noch im Jahr 2002 wurde der Rote Turm als einer der Ausstellungsorte des Chemnitzer Schlossbergmuseums genutzt, doch wenig später diente er nur noch als Brutstätte für Spatzen und Tauben.

Chemnitz – Warenhaus Tietz

Vom Kaufhaus zum Haus der Kultur

1916 Aufgrund der zunehmenden Verstädterung und der veränderten Konsumgewohnheiten wurden um die Wende zum 20. Jahrhundert in ganz Deutschland Warenhauspaläste gebaut. Auch in Chemnitz wurde ein solches luxuriöses Bauwerk in Auftrag gegeben. Die jüdische Kaufmannsfamilie Tietz, die 1904 in der Stadt ein Geschäft gegründet hatte, ließ ihr Kaufhaus vom renommierten Architekten Wilhelm Kreis (1873–1955) in der südlich vom Zentrum gelegenen Poststraße errichten. Es lag in der reizvollen Umgebung einer kleinen Grünanlage am Beckerplatz. Nach einer Bauzeit von nur elf Monaten wurde es im Oktober 1913 eröffnet. Vom äußerlichen Glanz des Warenhauses Tietz, das als größtes und schönstes in Sachsen gilt, erzählt diese Bildpostkarte: Das fünfgeschossige Gebäude im Stil des Neoklassizismus besaß eine dekorative Sandsteinfassade und einen großen Lichthof mit Buntglasdecke.

Wechselnde Besitzer Die Reichspogromnacht setzte der Ära Tietz ein jähes Ende. Das Kaufhaus wurde geschlossen und brannte im März 1945 durch Spreng- und Brandbomben aus. In den Folgejahren wurde es Lagerhalle und Verkaufsstätte vom Erzgebirgischen Warenhaus (ERWA), vom Centrum-Warenhaus der staatlichen Handelsorganisation (HO) und – nach der politischen Wende – vom Kaufhof-Konzern. Auf den Kaufhof-Umzug in einen nahe gelegenen Neubau folgte 2001 die erneute Schließung. Nach grundlegender Sanierung, bei der die Gebäudefront auf der Seite zur Reitbahnstraße völlig neu gestaltet wurde, nutzen „DAStietz" ab 2004 eine Ladenpassage sowie Chemnitzer Kunst- und Kulturinstitutionen. Unter dem verglasten Dach sind heute auf den 17 000 Quadratmetern Fläche die Stadtbibliothek, die Volkshochschule, die Neue Sächsische Galerie und das Museum für Naturkunde vereint. In Letzteres ist auch eine städtische Attraktion versetzt worden: der Versteinerte Wald, 250 Millionen Jahre alte verkieselte Baumstämme. Besucher haben es einfach, denn direkt vor dem neuen Kulturkaufhaus finden sich die überdachte Einfahrt zur Tiefgarage sowie Bus- und Straßenbahnhaltestellen.

Chemnitz – Bahrebachviadukt

Erhaltung eines technischen Denkmals

2002 Unweit von Borna führt ein altes Viadukt in einem weiten Bogen über das Tal der Bahrebach. Gemauert wurde die Brücke 1868–1871 für eine Eisenbahnstrecke, die das nahe gelegene Chemnitz mit Leipzig verbinden sollte. Diese Bahnstrecke wurde 1872 eingeweiht und wird noch heute, größtenteils von Regionalbahnen, genutzt. Unter dem Bahrebachviadukt hindurch verläuft seit 1936 eine Straße – die heutige Bundesautobahn A4. Als ihre Fahrbahnen wegen des zunehmenden Verkehrs verbreitert werden sollten, wurden Umbauten an der Bahnbrücke nötig. Doch das 235 Meter lange Viadukt mit seinen 15 Natursteinbögen steht zum einen unter Denkmalschutz, und zum anderen waren die Bogenweiten von 18 Metern zu eng für die geplante Baumaßnahme. Nach dem Prüfen verschiedener Varianten entschloss man sich daher für einen zweigeteilten Unterbau an dem technischen Denkmal. Im Februar 2002 waren die Arbeiten am Nordteil dieser tunnelähnlichen Durchfahrt bereits abgeschlossen, während der Südteil noch verschalt werden musste.

Nadelöhr vergrößert Nach vierjähriger Bauzeit am Bahrebachviadukt stand die Autobahn A4 mit ihrer durchgehenden sechsspurigen Fahrbahn Anfang November 2003 kurz vor der Freigabe, und viele Lastkraftwagen- und Autofahrer atmeten auf. Denn während der Bahnbetrieb auf dem Viadukt relativ ungehindert weiterlaufen konnte, hatte sich durch die Bauarbeiten darunter immer wieder der Autobahnverkehr zwischen den Anschlussstellen Chemnitz-Glösa und -Mitte gestaut. Nach dem Umbau kann man nun von der Straße aus erkennen, dass die unteren Teile der drei betroffenen Natursteinbrückenpfeiler entfernt und durch einen Stahlbetontisch ersetzt wurden. Die Durchfahrten konnten aufgrund der Bogenform des Viadukts nicht rechtwinklig angelegt werden, was die Arbeit zusätzlich erschwerte.

Flöha – Baumwollspinnerei

Eine Zukunftsvision wird wahr

1996 186 Jahre lang war in dieser Baumwollspinnerei unweit von Chemnitz ununterbrochen hochwertiges Garn produziert worden, doch dann kam das Aus: 1995 wurde eine der ältesten sächsischen Spinnereien und zugleich die größte Baumwollspinnerei der DDR („Kombinat Vereinigte Baumwollspinnereien und Zwirnereien") wegen fehlender Wettbewerbsfähigkeit stillgelegt und der Zutritt zum Betriebsgelände generell untersagt. Der großformatige Schriftzug auf dem mehrgeschossigen Klinkerbau zeugt noch von den alten Tagen, in denen die Stadtbürger von der Textilindustrie lebten. Fünf Jahre später ging der 6,5 Hektar große Komplex der sogenannten „Alten Baumwolle" mit den zahlreichen Wohnhäusern der Arbeiter und Fabrikanten von der Treuhandanstalt in das Eigentum der Stadt Flöha über.

Erster Schritt zur Neubelebung Nach nur einjähriger Bauzeit weihten die Flöhaer Stadtväter 2006 zunächst das historische Ziegelgebäude des sogenannten Alten Wasserbaus ein, den man am besten über eine kleine Brücke erreicht. Das einstige Fabrikgebäude am Ufer der Flöha hat sich nach nur einjähriger Sanierung in ein städtisches Zentrum verwandelt, in dem die Stadtbibliothek, die Kreissparkasse und einige Vereine heimisch geworden sind. Hinter den großen Fenstern hat nun auch ein großer Mehrzwecksaal Platz gefunden. Im Zuge der Umgestaltung sollen in den nächsten Jahren aus den anderen Amts- und Produktionsgebäuden Wohnungen entstehen. Ferner ist der Einzug von verschiedenen Dienstleistungsunternehmen, Läden und Gaststätten geplant. Das unter Denkmalschutz stehende Hauptgebäude soll dabei zu einem Kaufhaus umgebaut werden. Nach der Vollendung dieser Bauvorhaben wird das Stadtzentrum Flöhas neu erblühen.

Frankenberg – Marktplatz

Charmante Kleinstadtatmosphäre wie anno dazumal

Um 1905 Ein weiträumiger Marktplatz ziert das Städtchen Frankenberg. Kurz vor dem mittäglichen Glockenschlag der evangelisch-lutherischen Kirche St. Aegidien werden Kutschen und kleine Wagen über den Kies gezogen oder warten noch auf ihre Abfahrt, eine Holzbude bietet Waren feil und Kinder holen Wasser am Marktbrunnen vor dem historischen Rathaus von 1863. Die Idylle trügt in dieser Kleinstadt nahe Chemnitz nicht, denn die Einwohner der Stadt haben sich mehrfach wirtschaftlich neu orientiert: Von Bergbau über Tuchmacherei bis hin zur Zigarrenindustrie reichte die Palette. Bis 1990 boten schließlich die Polstermöbelherstellung und der Fahrzeugbau die meisten Arbeitsplätze, sodass das geruhliche Leben in Frankenberg seinen geregelten Gang gehen konnte.

Hölzerne Frühlingsboten Rund hundert Jahre später wacht eine farbenfrohe Hasenfamilie im Ortskern. Die imposanten, aus Holz gedrechselten Osterhasen werden von einer Gruppe Kindergartenkinder bestaunt. Noch lassen Frühling und Sonnenschein im Tal der Zschopau auf sich warten, sodass die schön gestaltete lang gestreckte Platzanlage mit den gut erhaltenen Fachwerkbauten kaum bevölkert ist. Von den Zerstörungen der Weltkriege verschont, stammen die Baudenkmale rund um den Marktplatz aus der Zeit zwischen dem 16. und 19. Jahrhundert.

Sachsenring

Rennstrecken auf dem Stand der Zeit

1957 Zahlreiche Zuschauer beobachten das Rennspektakel am Sachsenring bei Hohenstein-Ernstthal während eines Formel-3-Autorennens. Seinen Ruf verdankt der Sachsenring, dessen Zielkurve und Richterturm hier zu sehen sind, jedoch in erster Linie spannenden Motorradrennen. Der erste PS-gewaltige Wettkampf auf dem kurvenreichen Naturkurs nahe Chemnitz wurde am 26. Mai 1927 ausgetragen. Mehr als 140 000 Zuschauer säumten während des Badberg-Vierecksrennens die rund 8700 Meter lange Strecke. Weil sich bei der zweiten Auflage des Rennens im Jahr 1928 mehrere tödliche Unfälle ereigneten, wurde der Wettbewerb in der Folgezeit verboten. Erst ab 1934 durfte hier wieder um die Wette gefahren werden. Aus dem Rennkalender war die Strecke fortan nicht mehr wegzudenken. Auch zu DDR-Zeiten blieb der Sachsenring, der in den 1960er-Jahren seine Blütezeit erlebte, das Mekka der Motorsportfans im Osten. Zunächst fanden hier noch international bedeutsame Motorradrennen und sogar Weltmeisterschaftsläufe statt. Dies änderte sich erst 1973, als die DDR-Führung nur noch Rennen mit ausschließlich osteuropäischen Teilnehmern erlaubte.

Comeback auf neuer Strecke Erst nach der deutschen Wiedervereinigung 1990 konnte auch der Rest der Welt im Rennzirkus auf der Strecke mitmischen. Der Sachsenring musste jedoch einen schwierigen Neustart bewältigen, denn der alte Kurs konnte modernen Sicherheitsanforderungen nicht mehr gerecht werden – mehrere Tote bei Rennunfällen waren die Folge. Der „neue" Sachsenring entstand 1995 dank des Baus eines Verkehrssicherheitszentrums, das je nach Bedarf zur Rennstrecke umfunktioniert werden kann. Zwar drehen heute zwischenzeitlich auch die Boliden der DTM auf dem Sachsenring ihre Runden, die meisten Fans kommen aber auch heute noch nach Hohenstein-Ernstthal, wenn hier die heißen Öfen der Motorrad-WM an den Start gehen.

Zwickau – Schumannplatz
Platz im Wandel

Um 1908 Das westsächsische Zwickau war in früheren Jahrhunderten für die Tuchmacherei und den Steinkohlebergbau und zu DDR-Zeiten für die Produktion des legendären Trabants bekannt. In der Industriemetropole erblickten aber auch berühmte Künstler das Licht der Welt: Neben dem Grafiker Max Pechstein (1881–1955) zählt der Komponist Robert Schumann (1810–1856) zu den bekannten Söhnen der Stadt. Ihm zu Ehren wurde sein Geburtshaus am Hauptmarkt 5 als Forschungs- und Gedenkstätte für die Öffentlichkeit zugänglich gemacht.

Wasserspiele statt Statue Auf dem gepflasterten Schumannplatz, der zu Beginn des 20. Jahrhunderts von einem schmucken Rundbau mit Kuppel sowie einem markanten Eckhaus eingegrenzt war, wurde im Jahr 1938 das überlebensgroße Denkmal des Komponisten aufgestellt. Nachdem dieses Ehrenmal 1993 auf den Hauptmarkt umzog, ziert den Platz und die angrenzende Parkanlage nun ein moderner Springbrunnen.

Zwickau-Mosel – VW-Produktion
Ein neuer Golfplatz

1990 Zwickaus Ruf als Automobilstadt war schon immer legendär. Etabliert hatte sich dieser durch die 1904 hier erfolgte Firmengründung der „Horch & Cie. Motorwagen-Werke AG" des Automobilpioniers August Horch (1868–1951). Doch auch der 21. Mai 1990 war für die Sachsenringwerksarbeiter des IFA-Kombinats (Industrieverband Fahrzeugbau der DDR) in Mosel ein besonderer Tag, denn damals lief die erste VW-Polo-Karosserie an der Fertigungsschiene durch das Werk. Spektakulär daran war, dass die Trabantproduktion unterdessen weiterging. Am gleichen Tag rollte auch der dreimillionste Trabant vom Band. Die 1957 begonnene Montage der zu DDR-Zeiten sogenannten „Rennpappe" wurde im Folgejahr eingestellt. Daraufhin ließ die Volkswagen Sachsen GmbH den Grundstein für einen Neubau mit Presswerk, Karosseriebau, Lackiererei und Montagehallen legen. Dies geschah direkt neben dem damals erst drei Jahre alten Trabant-Werk.

Bei der Endkontrolle Am Standort Zwickau-Mosel – Zwickau hat das Dorf Mosel mittlerweile eingemeindet – werden heute in großem Umfang VW-Golf-Modelle von den rund 6000 Mitarbeitern montiert. Täglich sind es über 600 Stück, die nach der Endmontage zur Qualitätskontrolle bereitstehen. Um sicherzustellen, dass sich die Lackierung der elf unterschiedlichen Farbgebungen in einem einwandfreien Zustand befindet, werden die Fahrzeuge einzeln in einen speziellen Lichttunnel gefahren. Durch das künstliche Licht werden selbst winzige Schäden am Lack sichtbar. Neben dem Golf A5 wird im Fahrzeugwerk Zwickau auch die Passat-Limousine hergestellt. Im Auftrag der Automobilmanufaktur Dresden erfolgt ferner die Montage der Rohkarosserien des Phaeton und der Bentley-Modelle.

Freiberg – Bergakademie

Vom Bergbau zur Hochschule

1820 Dem Bergbau sei Dank – so könnte das Motto Freibergs lauten: Durch seine reichen Silber- und Erzvorkommen entwickelte es sich ab 1168 rasch zu einem der wichtigsten Handelszentren im mittelalterlichen Deutschland. In der Folge wurde es zur ersten freien Bergstadt erhoben. Mit dem wirtschaftlichen Aufschwung war auch eine wissenschaftliche Hochzeit verbunden. Das Ergebnis war das erste bergmännische Lehrbuch, welches 1505 veröffentlicht wurde. Bis zur Mitte des 18. Jahrhunderts wuchs Freiberg stetig, sodass es nun sogar Leipzig und Dresden in der Bevölkerungszahl übertraf. Daher wurde die Stadt zum Gründungsort der ersten montanwissenschaftlichen Hochschule der Welt, der noch heute existierenden, renommierten Bergakademie Freiberg. Zu ihren Studenten gehörten unter anderen auch Alexander von Humboldt (1769–1859) und Theodor Körner (1791–1813).

Alles kommt vom Berg Noch im neuen Jahrtausend befassen sich Studenten der TU Bergakademie Freiberg mit technischen Problemstellungen des Erzbergbaus, der 1913 in Freiberg erlosch. Deutschlandweit einzigartig ist dabei die Praxisnähe der Hochschule. Denn die Studenten fahren in die auf 14 Kilometer verzweigte Lehrgrube „Reiche Zeche" ein. Sie ergründen unter Tage alte Erzgänge und befassen sich über Tage mit Bergbautechnologie, Umweltgeochemie, Geothermie, Lagerstättenkunde, Vermessungs- und Sprengtechnik. Hier kommen sie mit dem über sechs Jahrhunderte betriebenen Freiberger Gangerzbergbau in Berührung. Wie auf dem Kupferstich zu sehen, nutzten die Bergleute das Sprossenbauverfahren, um an die verschieden hohen Sohlen der Schächte zu gelangen. Unentbehrlich bei der Arbeit waren die sogenannten Freiberger Blenden – halb offene hölzerne Grubenlampen, die den Bergmännern Licht spendeten.

Wellness in idyllischer Umgebung Die Alberthalle in Bad Elster ist ein Ort zum Wohlfühlen. Neben einer Saunalandschaft bietet das Bad auch eine Moorabteilung, ein Bewegungsbecken und diverse Therapiemöglichkeiten. Die Anlage, die an ein barockes Schloss erinnert, entstand 1909/10. Die äußere und innere Gestaltung übernahm der Bildhauer Karl Groß (1869–1934).

Vom Vogtland ins Erzgebirge

Vom Bergbau zum Kunsthandwerk Der Naturpark Erzgebirge/Vogtland ist von weiten Tälern und sanften Hügeln geprägt, die bis auf eine Höhe von 1214 Metern ansteigen. Der einstige Waldreichtum verschwand allerdings, nachdem man auf gewaltige Silberadern gestoßen und Holz für den Stollenbau nötig geworden war. Die Erzfunde ließen die harte Arbeit unter Tage lukrativ erscheinen und zogen Siedler in die unbewohnten dunklen Gebirgswälder an der Grenze zu Böhmen. Was die Bergarbeiter freilegten, bescherte schließlich ganz Sachsen eine wirtschaftliche Blüte, sodass man hier auch heute noch stolz mit „Glück auf" grüßt. In der Mittelgebirgsregion sind die Winter lang und die Landwirtschaft ist karg, deshalb besannen sich die Vogtländer und Erzgebirgler früh auf ihre Handwerkskunst am heimischen Ofen. In den kleinen Dörfern und Städten leben jahrhundertealte Traditionen wie Klöppeln, Schnitzen und der Instrumentenbau fort.

Plauen – Neues Rathaus

Saniert und herausgeputzt

Um 1940 Die Spitzenstadt Plauen war zu Beginn des 20. Jahrhunderts zu Wohlstand gelangt: Ansehnliche Bürgerhäuser, zum Teil mit großen Werbeschriftzügen, säumen eine nördlich vom Altmarkt liegende Straßenbahnhaltestelle. Hinter dem Blattgrün lugt der zierlich wirkende Nonnenturm hervor, der zur ehemaligen Stadtbefestigung gehört. Überragt wird er von dem 64 Meter hohen Turm und der neobarocken Anlage des Neuen Rathauses. Errichtet hatte man dieses direkt hinter dem über 500 Jahre älteren historischen Rathaus. 1922 wurde es nach zehnjähriger Bauzeit vollendet. Nur wenige Jahre nachdem dieses Bild einer intakten und lebendigen Innenstadt entstand, versank Plauen in Schutt und Asche. Die Industriestadt gehörte zu den am stärksten von Bombenabwürfen betroffenen deutschen Städten im Zweiten Weltkrieg: Fast 75 Prozent der Bausubstanz wurden völlig oder teilweise zerstört. Allein während der letzten Kriegsmonate 1944/1945 hatte es 14 alliierte Luftangriffe gegeben.

Von der schönsten Seite Pünktlich zur Feier des 875-jährigen Bestehens präsentierte sich die Elsterstadt 1997 in neuem Glanz. Von den verheerenden Zerstörungen der Bombenangriffe war nichts mehr zu sehen. Das Neue Rathaus erinnert nunmehr als architektonisches Zeugnis an die Vergangenheit. Wie an vielen anderen Plätzen in der Innenstadt hatte nach 1989 am Postplatz eine rege Bautätigkeit eingesetzt: Es entstanden Einkaufszentren wie die „Stadtgalerie" auf der linken Seite, und alte Geschäfts- und Wohnbauten wurden saniert. Der Tunnel unter dem instandgesetzten Rathausturm führt Fußgänger auf die Westseite des Rathauses, zum Beispiel zum Vogtlandmuseum, in dem man Ausstellungen zur Regionalgeschichte bewundern kann.

Plauen – Altmarkt

Altes Rathaus erstrahlt in neuem Glanz

1960er-Jahre Früher herrschte geschäftiges Treiben auf dem Altmarkt im vogtländischen Ort Plauen. Um ihre Waren feilbieten zu können, stapelten die Marktleute Holzkisten vor der Kulisse des Neuen Rathausturmes und des Alten Rathauses mit seiner tristen grauen Farbe. Nicht nur die Fassade des spätgotischen Bauwerkes war zu jener Zeit verblasst. Auch die oberhalb der Sonnenuhr angebrachte meisterhafte Kunstuhr hatte ihren Glanz verloren. Bestehend aus zwei Uhrzeigerblättern, an denen sich die Stunden und Viertelstunden einzeln ablesen lassen, wird sie von zwei Löwen, einer blauen Mondphasenkugel und zwei beweglichen Figuren umrahmt.

Eine Spitzenleistung Auch im Jahr 2003 reihen sich die Verkaufsstände am Nordende des Marktplatzes aneinander. Doch von der grauen Fassade des Alten Rathauses ist nichts mehr übrig geblieben. Das historische Gebäude erstrahlt mit seinen prachtvoll vergoldeten Uhren wieder in einem kräftigen weiß-rotem Putz. Wegen seines schwungvollen Renaissancegiebels von 1548 bezeichnen es die Stadtbewohner zu Recht als schönstes Bauwerk der Stadt. Hinter dem sehenswerten Äußeren des Amtshauses verbirgt sich ein ebenso interessantes Museum zu Geschichte und Produktion einer vogtländischen Erfindung – die „Plauener Spitzen".

Plauener Spitze

Seit über 100 Jahren: vogtländischer Exportschlager

1994 Hauchdünne Fäden sind es, die miteinander zu kunstvollen Mustern verwoben werden und über die langen Rollen der Stickmaschinen laufen, um eines Tages Verwendung in Bekleidungs- oder Raumtextilien zu finden. Was früher in Handarbeit gewirkt, geklöppelt oder geknüpft wurde, läuft in Plauen mittlerweile über Großmaschinen. Doch auch an ihnen muss geprüft werden, ob die gefertigten Textilien den hohen Qualitätsstandards entsprechen, denn die Konkurrenz ist groß, seitdem 1880 die weltweit erste Tüllspitze – hergestellt von einer Plauener Maschine – auf den Markt gebracht wurde.

Eingetragene Marke Hervorgegangen war die Tüllstickerei aus der Anfang des 19. Jahrhunderts eingeführten Handplattstichstickerei. Die Erfindung neuer Schiffchenstickmaschinen revolutionierte die Spitzen- und Stickereiindustrie innerhalb kürzester Zeit und verhalf der traditionsreichen Textilstadt Plauen zu neuem wirtschaftlichem Aufschwung. Als vogtländische Fabrikanten bei der Pariser Weltausstellung 1900 den Grand Prix gewannen, stieg der Bekanntheitsgrad der Tüllspitze enorm. In der Folge wurden die Stickereien nach ihrem Herkunftsort „Plauener Spitzen" benannt und erlangten weltweiten Ruhm. Im Jahr 2008 schlossen sich 20 regionale Unternehmen zum Branchenverband „Plauener Spitzen und Stickereien" zusammen und machten sich somit den Markennamen zunutze. Eine dieser Firmen ist die „Stickperle Falkenstein GmbH", die sich auf Tischwäsche, Kurzgardinen und Accessoires spezialisiert hat. Bei diesen Raumtextilien steht besonders das Design im Vordergrund, welches von Produktgestaltern kreiert wird: Musterkollektionen wollen auf dem Papier oder per Computertechnik erdacht, Farben und Formen der Stoffe ausgewählt werden.

Vogtland – Musikinstrumentenbau

Handwerk mit Tradition

1934 Seit über 300 Jahren werden in den Siedlungen des sogenannten Vogtländischen Musikwinkels Instrumente gebaut, die in allen großen Orchestersälen dieser Welt erklingen. Klingenthal zum Beispiel hat sich seit 1852 der Herstellung von Mundharmonikas verschrieben: Seine Betriebe deckten im Jahr 1913 über die Hälfte des weltweiten Bedarfs, und das, obwohl der Ort bis 1919 noch nicht einmal das Stadtrecht verliehen bekommen hatte. Es herrschte eine regelrechte Massenproduktion, bei der die Mundharmonikas in einem der letzten Arbeitsschritte von dem geschulten Ohr eines Instrumentenmachers gestimmt werden mussten. Als Gründungsfigur dieser Entwicklung gilt der Klingenthaler Johann Wilhelm Glier (1793–1873), der das neue Instrument um 1829 in seiner Heimat eingeführt hatte.

Werkstatthimmel voller Geigen Während in Klingenthal heutzutage vornehmlich Mund- und Handharmonikas sowie Akkordeons gefertigt werden, steht Markneukirchen ganz im Zeichen des Geigenbaus. Das Wissen dazu hatten böhmische Exulanten nach dem Dreißigjährigen Krieg in die Region gebracht. Tradiert wurde es einerseits von den Handwerksbetrieben selbst, andererseits aber auch durch die 1834 eröffnete örtliche Musikschule. In der Gegenwart ist das Know-how der Exulanten gefragter denn je, denn Markneukirchen ist als Studienort für Musikinstrumentenbau zu einem Ableger der Westsächsischen Hochschule Zwickau geworden. In der weltbekannten Hochburg des Instrumentenbaus werden heute Diplome und Meisterbriefe an Streichinstrumenten-, Zupfinstrumenten- und Bogenbauer vergeben. Wer diese Studienrichtungen einschlägt, wird nicht nur handwerklich in der Werkstatt geschult, sondern lernt im Labor auch den Umgang mit Audio-Messtechnik-Geräten wie Oszillographen oder Frequenzgeneratoren, mit deren Hilfe man zum Beispiel Resonanzmessungen an Gitarren und anderen Zupfinstrumenten durchführen kann.

Klingenthal – Skisprungschanze

Eine vogtländische Erfolgsgeschichte

2005 Das Herz der Klingenthaler schlägt nicht nur für Musikinstrumente, sondern auch für den Nordischen Skisport, den sie über Jahrzehnte hinweg mit internationalem Erfolg betrieben haben. Ihren beiden Leidenschaften haben sie ein gemeinsames Musik- und Wintersportmuseum gewidmet, das sich seit Kurzem auf einen neuen Meilenstein der vogtländischen Skisportgeschichte berufen kann: Der Ort besitzt seit 2005 als Kernstück der neuen Vogtlandarena eine sprungtechnisch und architektonisch ausgereifte Großschanze. Was 1886 mit dem Nachbau eines Paar norwegischer Skis durch den Klingenthaler Oberlehrer Erwin Beck (1858–1940) begonnen hatte, führte in der Region Klingenthal/Mühlleithen zur organisierten Entwicklung des Skisports bis zur erstmaligen Teilnahme des gebürtigen Klingenthalers Walter Glaß (* 1905) an den Olympischen Winterspielen 1928.

Neue Weiten Bis 2006 auf der Klingenthaler Großschanze die ersten Trainingssprünge absolviert und die ersten Wettkämpfe ausgetragen werden konnten, waren viele Vorarbeiten nötig. So galt es zunächst, am Nordhang des Schwarzbergs Bäume zu fällen und beim Aufbau der Stahlkonstruktion den Vorgaben des Internationalen Skiverbandes (FIS) Folge zu leisten. Im Oktober 2005 hatte man die 35 Meter hohe Stahlkonstruktion der Schanze mit der scheinbar schwebenden Aufwärmkapsel fast fertiggestellt. Danach konzentrierte sich die Planung der Bauleitung auf die Beschneiungsanlage. Nur zwei Monate später erklommen einheimische Skispringer zu Fuß und mit geschulterten Skiern den verschneiten, 35 Meter hohen Anlaufturm und sprangen erfolgreich vom Schanzentisch. Die für Weiten von bis zu 150 Metern ausgelegte neue Vogtland-Schanze hatte ihre Bewährungsprobe bestanden.

Bad Elster – Kurpark
Erholung im Bäderwinkel

Um 1910 Eine Kuranlage im Stil eines englischen Landschaftsparks wurde 1888 im südwestsächsischen Bad Elster angelegt. Diese stand ganz unter dem Zeichen der Gesundheit. So verwundert es nicht, dass die Kurgäste von der Skulptur der griechischen Göttin für Gesundheit, Hygiea, eingeladen wurden, die über den ganzen Kurpark verteilten Heilquellen zu besuchen. Um den Gang in den etwas kälteren Jahreszeiten oder in den heißen Sommermonaten angenehmer zu gestalten, hatte man sogenannte Wandelhallen errichtet – eine Neuerung für die damalige Zeit. Die mit Efeu behangene Wandelhalle auf der abgebildeten Bildpostkarte führt zu einem kleinen überdachten Brunnenhaus, in dem von einem Brunnenmädchen Wasser ausgeschenkt wurde. Aufzeichnungen berichten davon, dass die Salzquelle von Bad Elster Mitte des 19. Jahrhunderts die Quelle mit dem stärksten Mineralgehalt war und dass sie mit über 200 Litern natürlichem Mineralwasser pro Stunde aus dem Brunnen hervorsprudelte.

Traditionsreiches Staatsbad Bad Elster fühlt sich seiner Tradition verpflichtet und weiß diese auch zu vermarkten. Die Kur- und Badeanstalt rühmt sich damit, das älteste deutsche Moorbad zu sein: 1848 wurde der Badebetrieb, von dem auch die königliche Familie regelmäßig Gebrauch machte, aufgenommen. So reisten bereits 1890 über 5000 Gäste an, um sich die Heilwirkung der Mineralwässer zunutze zu machen. Das „Königlich Sächsische Staatsbad" am Fuße des Elstergebirges hatte seither keinen Mangel an Patienten. Auch heute noch hält der Besucherstrom in das Dreiländereck zwischen Tschechien, Bayern und Sachsen an. Wo einst sächsische Könige das heilende Wasser der sprudelnden Mineralquellen genossen und während DDR-Zeiten allzu reger Kurbetrieb herrschte, geht es mittlerweile beschaulicher zu. So haben die Kurenden – wie hier am Badeplatz mit seinen Kolonnaden – Zeit, sich die alten Pflanzmuster in den Blumenrabatten und die vielen Springbrunnen anzuschauen.

Bad Elster – Wettiner Hof

Vom Palast-Hotel zur Ruine

1909 Ein Zweispänner wartet vor dem Wettiner Hof auf Kundschaft: Anfang des 20. Jahrhunderts war diese Szene wohl keine Seltenheit. Dank seiner zahlreichen natürlich sprudelnden Radon- und Mineralquellen sowie seiner Moorvorkommen konnte sich Bad Elster ein anmutiges Jugendstil-Kurhaus samt großzügigem Kurpark, ein Königliches Kurtheater und ein König-Albert-Bad leisten. Und das zog wohlbetuchte Gäste an, die natürlich im besten Haus des Platzes logierten – dem Palast-Hotel Wettiner Hof. Allein das Äußere des Prachthotels versetzte seine Gäste in Erstaunen: die geschwungenen Fassaden, die prächtigen Balkone, die riesige Veranda und die perfekt geformten Bäumchen. Luxuriös ging es auch im Inneren zu, denn die Salons und Zimmer waren alle mit jeglichem Komfort der damaligen Zeit versehen. Obwohl das Hotel erst an der Wende zum 20. Jahrhundert erbaut worden war, wurde es bereits 1921/22 wieder modernisiert.

Einstiges Aushängeschild Das einstige Luxushotel ist heute zu einer Ruine verkommen. Der Glanz der Gründerzeit ist verflogen. Obwohl es inmitten des Zentrums liegt und unter Denkmalschutz gestellt wurde, ist die schmucke Sehenswürdigkeit dem Verfall schon seit Langem preisgegeben: Das Mauerwerk bröckelt, Fenster sind zerbrochen und in den Ritzen wächst Unkraut. Viele Privatisierungsversuche scheiterten aufgrund fehlender Investoren. Das Traditionshotel wird sich wohl trotz seiner schönen Lage gegenüber den Badehäusern nie wieder behaupten können, denn in seiner unmittelbaren Nähe soll in naher Zukunft das erste Vier-Sterne-Hotel des Kurortes errichtet werden.

Muldenberger Talsperre

Längste sächsische Staumauer

Um 1925 Nach fünfjähriger Bauzeit wurde 1925, oberhalb des vogtländischen Flößerdorfes Muldenberg, erstmals eine Talsperre in Betrieb genommen. Inmitten einer wald- und wiesenreichen Landschaft hatte man dafür die Rote und Weiße Mulde sowie den Saubach in einem 20 Meter tiefen Becken angestaut. Geschehen war dies mithilfe einer bis zu 25 Meter hohen Bogengewichtsstaumauer, die durch ihr eigenes Gewicht das Wasser abhielt. Wie früher üblich wurde die Muldenberger Talsperre aus Bruchsteinmauerwerk errichtet. Weil es mit stolzen 525 Metern – nur 476 Meter davon sind sichtbar – recht lang war, wählte man eine gekrümmte Bauweise, wodurch sich die senkrecht auf die Mauer wirkenden Kräfte auch in Richtung der Talflanken verteilten. Betrachten ließen sich das Stauwerk, die angrenzende Seefläche und die in der Talsohle am Grundablass austretende Zwickauer Mulde nur von einem vorbeiführenden Weg, denn das Begehen der Mauerkrone war zu jener Zeit verboten. Im Gegensatz zu den Talsperren Pöhl und Pirk, die als Erholungsgebiete genutzt wurden, blieb es den Vogtländern untersagt, zu baden, zu angeln oder Wassersport zu betreiben. Noch heute dient die Muldenberger Talsperre einzig der Rohwasserbereitstellung für die Trinkwasserversorgung, der Niedrigwasserregulierung sowie den Hochwasserschutz.

Instandsetzung vollendet Das sächsische Staatsministerium für Umwelt und Landwirtschaft ließ die Talsperre zwischen 2001 und 2007 umfassend erneuern. Neben weiteren Instandsetzungen wie der Anbringung von Dauerfelsankern zur Verbesserung der Standsicherheit und der Reparatur von Mauerwerkschäden wurde auch die Mauerkrone der Trinkwassertalsperre umfassend restauriert. Die Bruchsteine hatte man im Zuge dessen durch vier Meter breite Spezialbetonplatten ersetzt. Ebenso wurden das wasserseitige Geländer und die Mauern an der Dammoberkante ausgebessert. Die sanierte Talsperre wurde am 17. Juli 2008 im Beisein des sächsischen Umweltministers Frank Kupfer (* 1962), vorne rechts im Bild, von der Öffentlichkeit in Augenschein genommen und erstmals begangen. Die längste Staumauerkrone in Sachsen ist nun in einen Rundwanderweg um die Talsperre eingebunden.

Aue
Festzug und Aufmarsch

1965 „Mit ganzem Herzen für unsere Republik" – der Aufbau des Sozialismus war 1965 in vollem Gange. Im September jenen Jahres jährte sich bereits zum dritten Mal das politisch aufgeladene „Fest des Liedes und des Tanzes", das zunächst auf Kreisebene und später auf Bezirksebene veranstaltet wurde. Reichlich Zuschauer säumten damals die mit Fahnen und bunten Wimpeln geschmückten Straßen der Innenstadt von Aue, um den Festzug zu verfolgen. Zwischen einigen landwirtschaftlichen Nutzfahrzeugen, die das Wirken der Landwirtschaftlichen Produktionsgenossenschaft (LPG) veranschaulichten, wurde von zwei jungen Männern ein Plakat hochgehalten. Damit wollten sie an die 1952 abgehaltene II. SED-Parteikonferenz erinnern, bei der die schwierige ökonomische und soziale Situation der damals jungen DDR thematisiert wurde.

Neuer Erzgebirgskreis Im September 2007 machten die Einwohner der wichtigsten Industriestadt des westlichen Erzgebirges auf eine andere Art von sich reden. Sie kämpften vor dem Sächsischen Landtag in Dresden dafür, Aue zum Sitz des künftigen Erzgebirgskreises zu machen. Zu jener Zeit fand im Landtag die Anhörung zum Kreisgebietsneugliederungsgesetz statt: Es wurde beschlossen, dass die Kreisgebiete neu gegliedert und die Reform am 1. August 2008 in Kraft treten sollte. Die ehemals 22 sächsischen Landkreise wurden auf zehn (Nordsachsen, Leipzig, Meißen, Bautzen, Görlitz, Vogtlandkreis, Zwickau, Mittelsachsen, Sächsische Schweiz-Osterzgebirge und Erzgebirgskreis) reduziert. Der Erzgebirgskreis fasste dabei die bisherigen Kreise Annaberg, Aue-Schwarzenberg, Mittlerer Erzgebirgskreis und Stollberg zusammen. Allerdings konnten sich die Bewohner von Aue nicht durchsetzen. Annaberg-Buchholz wurde die Kreisstadt des neuen Landkreises.

Altenberg

Alte Bergstadt

1988 Die erzgebirgischen Winter sind lang und hart, was für die Wintersportregion rund um Altenberg von Vorteil ist, denn dort trifft man häufig auf Skilangläufer, die sich über die verschneite Landschaft freuen. Selbst wenn der Frühling einsetzt, dauert es noch einige Zeit, bis die Schneereste im Schatten der Häuser schmelzen. Altenberg liegt auf dem Osterzgebirgskamm am Fuße des Geisingbergs, der bis auf eine Höhe von 824 Metern ansteigt. Auf seiner runden Basaltkuppe steht ein von Weitem sichtbarer Aussichtsturm. Er ermöglicht einen herrlichen Blick auf die Altenberger Ortsteile, die über die Jahrhunderte hinweg bei zahlreichen Bränden immer wieder zerstört und neu aufgebaut wurden. Bei klarem Wetter kann man von dort in der Ferne auch die Gipfel des Elbsandsteingebirges, des Riesengebirges und Böhmens sehen.

Zinn- und Rodelhauptstadt Die Stadtbewohner lebten in der Vergangenheit vom Zinnabbau. Gewachsen war die Ortschaft „uffn altn Berge", auf dem alten Berg, nachdem man hier um 1440 die größte Zinnerzlagerstätte Mitteleuropas entdeckt hatte. Dank dieses „Altenberger Zwitterstocks" entwickelte sie sich zur wichtigsten Bergstadt des Osterzgebirges mit über 7000 Einwohnern. Spätestens als die unterirdischen Zinnkammern in der Region in der zweiten Hälfte des 19. Jahrhunderts zur Neige gingen, wich man auf weitere Erwerbszweige wie Holzwaren-, Strohblumen- und Zündhölzerherstellung aus. Allerdings litt die alte Bergstadt bald an Bevölkerungsschwund, ihre Einwohnerzahl reduzierte sich bis 1830 um zwei Drittel. Die Region war zur menschenärmsten sächsischen Gegend geworden. Doch die Zeiten haben sich geändert, das Leben hält wieder Einzug in Altenberg: Wirkte die alte Bergstadt Ende der 1990er-Jahre eher verschlafen, so zeigen sich die Altenberger nun fortschrittlich: Sie bewirtschaften eine moderne Bob- und Rennrodelbahn, auf der Europa- und Weltmeisterschaften ausgetragen werden.

Sächsische Akropolis Diesen Beinamen verdankt die Albrechtsburg in Meißen ihrer Lage oberhalb der Elbe. Das spätgotische Bauwerk entstand zwischen 1471 und 1500 als Residenz der sächsischen Kurfürsten. Heute beherbergt die Burg ein Museum, das schon allein wegen seiner besonderen Architektur sehenswert ist.

Sächsisches Elbland, Dresden und Elbsandsteingebirge

Elbflorenz und Schweizer Berglandschaft Durch Sachsen fließt einer der längsten Flüsse Europas: Die Elbe bietet mit ihrer unverbauten Auenlandschaft ein reizvolles Bild und den passenden Hintergrund für die berühmte Silhouette der Landeshauptstadt Dresden. Hier findet sich ein wahrer Hort an Kunstschätzen, der seinesgleichen sucht. Ein Großteil der Sammlung wurde von Kurfürst August dem Starken (1670–1733) zusammengetragen, von dem die geschichtsliebenden Dresdner nur allzu gern erzählen. Architektur, Kunst und Kultur liegen der Landeshauptstadt auch heute noch am Herzen. Um das barocke Antlitz der Stadt zu erhalten, scheuen die Dresdner weder Kosten noch Mühen. Folgt man der Elbe weiter aufwärts, gelangt man zur Sächsischen Schweiz. Die einzigartige Gebirgslandschaft wurde durch ihre von der Elbe bizarr geformten Sandsteinfelsen schon früh von Wanderern und Kletterern entdeckt.

Meißen – Altstadt

Tausendjähriges Flächendenkmal

1964 Mit Schnee gepudert präsentiert sich die Burgstraße in Meißen. Sie ist nur eine der zahlreichen engen, teilweise verwinkelten Gassen der mittelalterlichen Altstadt. Folgt man dem Verlauf der Burgstraße vom Markt hinauf zum Burgberg – der sogenannten „sächsischen Akropolis" –, gelangen die Domherrenhöfe und der filigrane Doppelturm der kleinsten Bischofskirche Deutschlands immer weiter ins Blickfeld. Von hier aus kann man die anderen Bauten, die sich um den gotischen Dom zu Meißen gruppieren, noch nicht sehen: das Bischofsschloss, das Kornhaus und die mächtige, über 1000 Jahre zählende Albrechtsburg, die sogenannte „Wiege Sachsens", in der nach der politischen Wende 1990 der Festakt zur Bildung des Landes Sachsen stattfand. Wer den Burgberg jedoch erklommen hat, dem bietet sich darüber hinaus ein wundervoller Blick auf die 32 Hektar große Meißner Dachlandschaft, die Elbe und die reizvollen Weindörfer in der Umgebung.

Stadtbeherrschender Dom Mehr als 40 Jahre sind vergangen: Die Bürgerhäuser an der Burgstraße erleben ihren zweiten Frühling, Fußgänger bummeln an den Geschäften vorbei und lassen sich von ihren vielfältigen Auslagen in den Bann ziehen. Kein Wunder, dass gerade hier gekreuzte blaue Schwerter auf weißem Grund von der Hauswand prangen. Sie sind das Markenzeichen für das begehrteste Erzeugnis Meißens. Denn auf der Albrechtsburg ließ August der Starke (1670–1733) Anfang des 18. Jahrhunderts die älteste europäische Porzellanmanufaktur einrichten. Hinter den dicken Mauern wusste er das Geheimnis der Herstellung des Weißen Goldes gut verwahrt.

Meißner Porzellanmanufaktur

Ein Markenzeichen bringt wirtschaftlichen Aufschwung

Um 1850 Ein zeitgenössischer Holzstich aus der Mitte des 19. Jahrhunderts zeigt die Beschäftigten der Meißner Porzellanmanufaktur bei der Arbeit. Bereits 1710 war die „Königlich-Polnische und Kurfürstlich-Sächsische Porzellan-Mankfaktur" vom Dresdner Schloss in die leer stehende, 929 gegründete Meißner Albrechtsburg – die 25 Kilometer elbabwärts der Landeshauptstadt gelegene „Wiege von Sachsen" – umgesiedelt worden. Für den Standort ein Glücksfall, denn die bis 1485 aufgeblühte Residenzstadt Meißen hatte diesen Status nach der Spaltung des Landes durch Ernst (1441–1486) und Albrecht (1443–1500), die Söhne des Kurfürsten Friedrich II. (1428–1464), an Dresden abgeben müssen und war infolge des Dreißigjährigen Krieges verarmt. Durch die Produktion des in ganz Europa begehrten „Weißen Goldes" lebte die Stadt am Burgberg wieder auf. Bis 1863 wurde in den kunstvoll gewölbten Innenräumen hoch über den mittelalterlichen Dächern der Stadt gearbeitet. Danach verlegte man die Manufaktur vom spätgotischen Profanbau in die Meißner Talstraße.

Weltruhm auf Höchstniveau In der „Staatlichen Porzellan-Manufaktur Meißen" wird das weltberühmte erste Hartporzellan bis heute noch gemäß der Rezeptur des Apothekers Johann Friedrich Böttger (1682–1719) und des Gelehrten Ehrenfried Walther von Tschirnhaus (1651–1708) aus Kaolin, Quarz und Feldspat gebrannt. Seit 1916 kann man als Besucher der öffentlichen Schauhalle den Modelleuren und Porzellanmalern, zu denen von 1828 bis 1835 auch der als Zeichenlehrer tätige Maler Ludwig Richter (1803–1884) gehörte, bei ihrer Arbeit über die Schulter schauen. Mittlerweile verkauft das Unternehmen seine handgefertigten und seit 1722 mit den „Gekreuzten Schwertern" gekennzeichneten Markenartikel zum Großteil ins Ausland.

Freital – Edelstahlwerk

Größter Arbeitgeber des Kreises

1970er-Jahre Unweit von Dresden befindet sich im plauenschen Grund ein relativ junger Industrieort namens Freital. Er wurde 1921 durch die Verschmelzung von vier Gemeinden gegründet. Nachdem die Stadt für lange Zeit Mittelpunkt eines Steinkohlereviers war, dominierten später die Eisen- und Stahlerzeugung sowie der Maschinen- und Apparatebau. Es entstanden Gussstahlwerke, die schon bald führend in der Branche waren. Nach dem Ende des Zweiten Weltkriegs waren sie ab 1949 unter dem Namen „Edelstahlwerk 8. Mai 1945" bekannt. In dem Werk verrichteten etwa 6000 Stahlwerker ihre Arbeit. Mit ihren langarmigen Werkzeugen bereiteten sie unter anderem den Abstich an einem speziellen Tiegelofen vor, der nach seinem Erfinder Siemens-Martin-Ofen benannt wurde.

Breite Produktpalette Nach der politischen Wende von 1989 verringerte sich die Zahl der Beschäftigten auf ein Zehntel. Im Jahr 2008 gab es noch 690 Beschäftigte, die die Boschgotthardshütte (BGH) Edelstahl Freital GmbH bewirtschafteten. Die Hütte erstreckt sich über 65 Hektar bei einer Länge von ungefähr zweieinhalb Kilometern und einer Breite von bis zu einem halben Kilometer. Innerhalb dieses riesigen Geländes schweben geräumige, bis zu 40 Tonnen fassende Behälter mit flüssigem Edelstahl durch die Hallen. Diese werden benötigt, um sowohl un-, leicht- und hochlegierte Stahlsorten als auch Sonderwerkstoffe herzustellen.

Dresden – Frauenkirche

Private Initiative macht die Wiedererrichtung möglich

1992 Der Wiederaufbau der Frauenkirche hatte lange auf sich warten lassen: Zwar war er schon direkt nach Kriegsende geplant, jedoch aus wirtschaftlichen und politischen Gründen während der DDR-Zeit nicht umgesetzt worden. Eine Verordnung des Dresdner Stadtrats von 1965 hatte vorgeschrieben, dass die aufrecht stehenden Mauerreste von Eckturm und Chor sowie der wüste Steinhaufen im Zwischenraum als „Mahnmal gegen den Krieg" erhalten bleiben sollten. So verwitterte die Kirchenruine immer mehr und zeigte sich im Jahr 1992 von Gras bewachsen, nunmehr zur Stätte des Friedens und der Erinnerung stilisiert.

„Dresden ruft" Insbesondere einer Dresdner Bürgerinitiative unter der Leitung des Dresdner Trompetenvirtuosen Prof. Ludwig Güttler (* 1943) ist es zu verdanken, dass sich die legendäre „Steinerne Glocke" der Frauenkirche wieder in den Himmel reckt. Nach der Wiedervereinigung hatte die Bürgerinitiative 1990 – am 45. Jahrestag der Zerstörung Dresdens – mit dem „Ruf aus Dresden" weltweit um Hilfe für die Restauration geworben. Die 1991 aus dem Förderkreis hervorgegangene „Gesellschaft zur Förderung des Wiederaufbaus der Frauenkirche e. V." sammelte seither Spenden. 129 Millionen Euro waren für den Aufbau nötig, etwa zwei Drittel der Baukosten wurden aus Spendengeldern gedeckt, ein Drittel wurde von der Stadt Dresden, dem Freistaat Sachsen und dem Bund finanziert.

Dresden – Semperoper

Königliche Kulisse mit bewegter Vergangenheit

1896 Wahrhaft königlich war das „Erste Hoftheater" im Stil der italienischen Frührenaissance, das Gottfried Semper (1803–1879) von 1837 bis 1841 im Auftrag des sächsischen Königs Friedrich August II. (1797–1854) neben dem Zwinger erbaute. Nur einige Jahre später, am 21. September 1869, stand der schöne Rundbau jedoch in Flammen. Ausgebrochen war der Brand auf dem Dachboden, verursacht durch die Fahrlässigkeit von Theatergehilfen. Mithilfe von Löschwagen versuchten die Einwohner der Stadt, dem Brand Herr zu werden. Zur Löschwasserversorgung wurden selbst auf dem nahe gelegenen Hotel Bellevue Wasserschläuche verlegt. Trotz aller Bemühungen brannte das Opernhaus nahezu vollständig nieder. Bereits 1871 begann man mit dem Neubau des „Zweiten Königlichen Hoftheaters" – getreu den Entwürfen Sempers. Beendet wurde der Neubau 1878.

Neubau setzt Maßstäbe Das neue Hoftheater war größer und noch prächtiger als der alte Bau. Gottfried Semper hatte das – heute nach ihm benannte – dreigeschossige Theater- und Opernhaus zudem ein Stück nach hinten verlagert, um die Raumwirkung des Theaterplatzes zu vergrößern. Der Neubau galt als eines der schönsten Veranstaltungsgebäude seiner Zeit und besaß eine hervorragende Akustik – mit ein Grund dafür, dass hier seit 1911 ausschließlich Opern aufgeführt wurden. Viele Werke des Komponisten Richard Wagner (1813–1883), der ab 1843 als Königlich-Sächsischer Kapellmeister an der Dresdner Semperoper wirkte, erlebten hier ihre Uraufführung. Die letzte Vorstellung hielt man am 31. August 1944 ab: Es erklang Carl Maria von Webers (1786–1826) „Freischütz".

Wahrzeichen der Kunststadt Im Februar 1945 brannte der Opernbau durch die Luftangriffe auf die Stadt Dresden ein weiteres Mal nieder. Nur die Außenfassade und einige Skulpturen blieben erhalten. Nach Sicherungsarbeiten an den Mauerruinen zwischen 1952 und 1956 wurde 1977 der Grundstein für den zweiten Wiederaufbau gelegt. Ende der 1970er-Jahre ließ sich der Zuschauerraum inmitten der Holzgerüste bereits wieder erahnen. Am 13. Februar 1985 wurde die Semperoper – mit der Aufführung des „Freischütz" – wiedereröffnet. Nach einer Pause von 40 Jahren konnte die bedeutende Musiktradition der Semperoper fortgeführt werden. Symbolisch steht die „Sächsische Staatsoper" mit dem vorgelagerten Theaterplatz heute für die Schönheit Dresdens. Eine besondere Ausstrahlung erhält das Ensemble am Theaterplatz, bestehend aus dem klassischen Theaterbau mit seiner halbrund geschwungenen Fassade von 84 Meter Breite, der Panther-Quadriga über dem imposanten Eingangsportal und dem beeindruckenden König-Johann-Denkmal, im Abendlicht.

Dresden – Dixieland

Festival mit langjähriger Geschichte

1984 In den Jahren seines Bestehens musste die Abschlussveranstaltung des größten europäischen Jazzfestivals nur selten wegen starker Regengüsse von der Freilichtbühne im Großen Garten in den Dresdner Kulturpalast verlegt werden. Bands und Zuhörer sammelten sich dann in jenem Saal, in dem die Jazz-Veranstaltung 1971 seinen Ursprung genommen hatte. In seinem ersten Jahr war das Dixieland-Festival kein durchschlagender Erfolg: Sechs Jazzbands aus vier sozialistischen Ländern spielten am Pfingstsonntag vor einem halbvollen Saal. 1984 hingegen zogen die traditionellen Jazzklänge zahlreiche Liebhaber dieser Musikrichtung an – die Sitzreihen waren voll besetzt.

Swing allerorts Dixieland-Töne bringen nicht nur musikliebende Dresdner in Schwung. Das Festival hat es zu internationaler Bekanntheit gebracht, weswegen alljährlich bis zu einer halben Million Gäste und rund 400 Musiker in die sächsische Hauptstadt reisen. Fast überall in der Stadt – auf Straßen und Plätzen, am Terrassenufer und auf Raddampfern, in Konzertsälen und Hotels, im Zoo, auf dem Flughafen und auf dem Campus – finden Veranstaltungen statt. Karten für das letzte große Open-Air-Event auf der 5000 Sitzplätze fassenden Freilichtbühne im Großen Garten sind besonders beliebt, denn hier spielen die meisten Improvisationsmusiker. Im Jahr 2002 waren es allein 14 Bands, die unter dem Zeltdach fröhlich und ausgelassen musizierten. Die Jazz-Session geht von hier aus im Laufe des Sonntagnachmittags stets in eine zweistündige Abschlussparade über, bei der die Dixie-Bands auf Trucks durch das Dresdner Stadtzentrum bis ans Elbufer mit der Jazzmeile transportiert werden.

1984
INTERNATIONALES
DIXIELAND
FESTIVAL
DRESDEN
STIMME DER DDR
KULTUR PALAST DRESDEN

mdr 1
RADIO SACHSEN

Dresden – Altmarkt

Das Herzstück der Stadtanlage wird rekonstruiert

Um 1860 Am Kreuzungspunkt alter Handelswege gelegen, herrschte in Dresden bereits im Mittelalter reges Markttreiben. Der als „Circulus" 1370 erstmals urkundlich erwähnte Stadtmarkt wurde zum Zentrum der Stadt. Um 1550 wurde er in „Alter Markt" umbenannt, als infolge der Erweiterung der Stadtbefestigung ein „Neuer Markt" errichtet wurde. Bis zum Bau des Zwingers diente der Altmarkt auch dem kurfürstlichen Vergnügen: Dank seiner Größe von 100 x 130 Metern bot er höfischen Festen und Tierhatzen ausreichend Raum. Während der revolutionären Unruhen des Maiaufstands 1849 entwickelte sich auf dem Platz ein erbitterter Barrikadenkampf, der von Regierungstruppen blutig niedergeschlagen wurde. Danach blieb der Altmarkt bis 1918 für jegliche Kundgebungen gesperrt.

Wiederaufbau nicht abgeschlossen Der Blick von der Kreuzkirche, dem einzigen erhaltenen historischen Gebäude am Platz, lässt den rechteckigen Grundriss des Markts erkennen. Im Zweiten Weltkrieg waren infolge der Angriffe britischer und US-amerikanischer Bomber auf die Stadt, bei denen bis zu 35 000 Menschen starben, weite Teile des Stadtgebiets zerstört worden. Nach den alliierten Luftangriffen vom 13. und 14. Februar 1945 war auch von der Kreuzkirche lediglich eine Ruine übrig. Alle Bürgerhäuser rings um den Marktplatz waren ausgebrannt, darunter auch das barocke Alte Rathaus an der Nordwestecke. Als die Trümmer schließlich restlos beseitigt waren, begann hier 1953 der Wiederaufbau. Historisierende Geschäfts- und Wohnhäuser wurden an der Ost- und Westfront errichtet. 1969 begrenzte man den Markt im Norden durch den Kulturpalast. Gegenwärtig werden an der Südseite zahlreiche moderne Bürohäuser gebaut, und die Fläche des Altmarkts von momentan 2,8 Hektar soll wieder auf die ursprüngliche Platzstruktur verkleinert werden.

Dresden – Elbpanorama

Die Stadt als Gesamtkunstwerk wieder zum Glänzen gebracht

Um 1840 Denkt man an Dresden, dann kommen einem Sehenswürdigkeiten wie die Sixtinische Madonna oder der Zwinger in den Sinn. Doch von atemberaubender Schönheit sind nicht nur einzelne Kunst- oder Bauwerke – auch die Silhouette der historischen Altstadt sucht ihresgleichen. Zur Zeit dieser Stadtansicht, die der Stahlstich zeigt, hatte die industrielle Revolution, bei der Sachsen eine Vorreiterrolle übernahm, noch nicht in Dresden Einzug gehalten. Bis der kontinuierliche Ausbau zur modernen Großstadt einsetzte, konnten die Fischer ihr Tagewerk noch mitten im Zentrum Dresdens verrichten.

Raddampfer statt Fischerboote Vor allem wenn sich die Kuppeln, Türme und Prunkgebäude entlang der Brühlschen Terrasse im Wasser der Elbe spiegeln, lässt sich der sprichwörtliche Glanz der einstigen Residenzstadt spüren. Die Fotografie zeigt das heutige Elbpanorama unter einem atmosphärischen Himmel. Heute befahren nicht mehr Fischerboote, sondern die Raddampfer der Weißen Flotte die Elbe. Am Altstädter Ufer sind oberhalb deren Anlegestelle neue Bauten hinzugekommen: die Kunstakademie, die Sekundogenitur und das Landtagsgebäude.

Dresden – Katholische Hofkirche

Neu erstandener Bischofssitz

Um 1946 Die Bombardierung Dresdens 1945 hatte überall in der Dresdner Innenstadt ihre Spuren hinterlassen. Wie allerorts beseitigten zahlreiche Trümmerfrauen auch auf dem Theaterplatz die überall herumliegenden Überreste der zerstörten Gebäude. Im Hintergrund überragte die ausgebombte Hofkirche mit ihrem eingestürzten Mittelschiffgewölbe die Trümmerhaufen. Sie diente als Zugang zu den königlichen Kirchenlogen. Den Bau der katholischen Kirche hatte 1739 Kurfürst Friedrich August II. (1696–1763) beim italienischen Baumeister und Architekten Gaetano Chiaveri (1689–1770) in Auftrag gegeben. Dies geschah unter höchster Geheimhaltung, denn die vorwiegend protestantische Bevölkerung Sachsens hatte es nicht gebilligt, dass der Vater des Kurfürsten, August der Starke (1670–1733), im Jahr 1697 mit seinem kompletten Hofstaat zum katholischen Glauben konvertiert war, nur um polnischer König werden zu können. Erst 1755 wurde dieser letzte Dresdner Barockbau schließlich vollendet.

Größter sächsischer Kirchenbau Grazil wirkt die Hofkirche trotz ihrer beeindruckenden Größe in der abendlichen Beleuchtung. Bis 1965 hatte der Wiederaufbau gedauert. Heute ist ihr ovaler Grundriss, der im spitzen Winkel zu Schloss und Hausmannsturm angeordnet ist, deutlich zu erkennen. Die Balustraden der Kirche sind mit 78 Steinfiguren geschmückt, die Heilige, Apostel und Kirchenfürsten darstellen. Auch die Innenausstattung lässt sich wieder in voller Pracht bestaunen. Sehenswert sind die erhaltene Rokokokanzel des Bildhauers Balthasar Permoser (1651–1732) sowie eine Orgel des berühmten Orgelbauers Gottfried Silbermann (1683–1753). Darüber hinaus ruhen hier vier wettinische Herrscher und in einer silbernen Kapsel das Herz Augusts des Starken, dessen Grab in der Krakauer Kathedrale liegt. Der letzte Dresdner Barockbau genießt noch immer eine herausragende Bedeutung: Die katholische Hofkirche wurde 1980 zur Kathedrale St. Trinitatis des Bistums Dresden-Meißen erhoben. Damit ist sie erstmals in ihrer Geschichte Sitz eines Bischofs.

Dynamo Dresden

Ein Fußballtraditionsverein

1973 35 000 Zuschauer verfolgten am 7. November 1973 das Fußballspiel von Dynamo Dresden gegen den FC Bayern München. Erstmals in der Geschichte des Fußballs trafen in einer Europapokal-Begegnung zwei deutsche Vereine aufeinander. Im Vorfeld hatte Dynamo den italienischen Meister Juventus Turin im Cup der Landesmeister geschlagen und war eine Runde weiter vorgerückt. Beim Achtelfinal-Hinspiel des Europapokalwettbewerbs im Münchner Olympiastadion triumphierte aber der FC Bayern mit einem hart erkämpften 4 : 3 über die DDR-Champions. So wurde beiderseits der Grenze mit großer Spannung das Rückspiel im Dresdner Dynamo-Stadion erwartet. Im Laufe des erstklassigen Duells herrschte reger Betrieb vor beiden Toren. Ein Unentschieden von 3 : 3 reichte Dynamo Dresden allerdings nicht zum Einzug ins Viertelfinale, ebnete der bundesdeutschen Mannschaft jedoch den Weg zum Europapokalsieg.

Abstieg aus der Oberliga Mit acht Meisterschafts- und sieben Pokalsiegen war Dynamo Dresden lange Zeit ein erfolgreicher Verein. Umso tragischer war 2000 der Abstieg der einstigen DDR-Oberligamannschaft in die 4. Liga. Der aus einem Polizeisportverein hervorgegangene Club erlebte aufgrund von Lizenz- und Finanzproblemen sowie häufigen Trainer- und Spielerwechseln turbulente Jahre. Nach seiner wirtschaftlichen Konsolidierung gelang der Mannschaft von 2002 bis 2004 die Rückkehr in die Zweite Bundesliga. Seit 2005 spielt Dresden jedoch wieder in der 3. Bundesliga. Am 9. Spieltag der Saison 2007/08 trennte man sich auf heimischem Rasen von Eintracht Braunschweig mit 1 : 1. Die Fans verfolgten das Spiel zum Teil im Stehen, da aufgrund eines Stadionumbaus die Tribünen erneuert wurden.

Dresden – Augustusbrücke

Am Kriegsende gesprengte Zeitzeugin

Um 1900 Von seinen bezauberndsten Seiten lernt man Dresden kennen, wenn man zu Fuß von der Augustusbrücke über den Schlossplatz stromaufwärts bis zum Blauen Wunder oder sogar noch ein Stück weiter bis zum Schloss Pillnitz wandert. Bereits vor über einem Jahrhundert eröffnete sich dem Betrachter am Ausgangspunkt dieses Spaziergangs ein grandioser Ausblick auf die Elbe, an deren Altstädter Seite sich um 1900 das Stadtschloss mit Georgentor und Hausmannsturm, die Hofkirche, die Sophienkirche, der Semperbau des Zwingers, das Italienische Dörfchen, die Semperoper und das Hotel Bellevue harmonisch nebeneinander aufreihten. Die sandsteinverkleidete Augustusbrücke zeigte sich zu dieser Zeit bereits von Fußgängern, Straßenbahnen und Pferdekutschen stark frequentiert. Die Brücke ist die älteste Flussquerung der Residenzstadt. Erstmals urkundlich bezeugt wurde sie im Jahr 1287. In der ersten Hälfte des 18. Jahrhunderts wurde die Augustusbrücke aufgrund der zunehmenden Verkehrsdichte von Barockbaumeister Matthäus Daniel Pöppelmann (1662–1736) auf 6,80 Meter verbreitert und blieb noch bis 1852 die einzige Brücke im Innenstadtbereich.

Nach der Rekonstruktion Schon bald musste die Augustusbrücke abgerissen werden, weil die engen Brückenbögen keine ausreichende Durchfahrtshöhe für die Elbschifffahrt mehr boten. Die Abbauarbeiten dauerten bis ins Jahr 1907. In der Zeit von 1907 bis 1910 wurde der Neubau fertiggestellt. Die Elbquerung, die hier vom vorweihnachtlichen Lichtermeer zwischen den schmiedeeisernen Laternen beleuchtet wird, hatte zwar die alliierten Bombenabwürfe schadlos überstanden, war jedoch einen Tag vor Kriegsende, am 7. Mai 1945, von der SS gesprengt worden, um ein mögliches Übersetzen sowjetischer Truppen zu verhindern. Bis 1949 rekonstruierte man die Überführung – eine von heute vier Brücken, die sich im Dresdner Zentrum über die Elbe spannen – gemäß ihres Zustands von 1910. Die heutige Ansicht belegt, wie wenig sich neben der Augustusbrücke, die sich durch die Rekonstruktion ihr Äußeres weitgehend bewahrt hat, seit dem letzten Jahrhundert auch Schlossplatz- und Theaterplatzensemble verändert haben. Nur die Sophienkirche und das Hotel Bellevue sind verschwunden, stattdessen liegt unterhalb des Italienischen Dörfchens inzwischen der Theaterkahn vor Anker.

Dresden – Brühlsche Terrasse

Geschichtsträchtiges Gemäuer in veränderter Umgebung

Um 1900 Flankiert von Residenzschloss, Hofkirche und Semperoper liegt etwa zehn Meter über der Elbe die Brühlsche Terrasse. Von der bis zu 200 Meter breiten Promenade des Festungswalls aus lassen sich die Kulisse Dresdens und der vor dem Neustädter Königsufer liegende Elbflusslauf bewundern. Das wussten schon die Reisenden des 19. Jahrhunderts, weshalb sie die Brühlsche Terrasse als „Balkon Europas" bezeichneten. Das Gebäudeensemble liegt auf dem Gelände der alten, 1519–1529 errichteten Stadtbefestigung, deren unterhalb der Terrasse liegende Kasematten heute ein Museum beherbergen. Nachdem die Festungsanlage 1739 durch eine Schenkung des sächsischen Kurfürsten Friedrich August II. (1696–1763) in den Privatbesitz seines Premierministers Heinrich von Brühl (1700–1763) übergegangen war, fand eine Umgestaltung des Areals statt. Der Reichsgraf ließ Mitte des 18. Jahrhunderts auf dem elbseitigen Festungswall ein kostspieliges Palais, eine Gemäldegalerie, eine Bibliothek, einen Gartensaal und einen Lustgarten errichten. Ab 1884 gestaltete man nahezu alle Gebäude an der etwa 500 Meter langen Flaniermeile um, sodass der westliche Teil der Brühlschen Terrasse um 1900 von Bauzäunen gesäumt war.

Neue Silhouette Das kurfürstliche Zeughaus musste ab 1884 dem Museumsbau des Albertinums weichen, und das Brühlsche Palais wurde abgerissen. Von der ursprünglichen Anlage des Ministers Brühl sind heute nur noch das schmiedeeiserne Brüstungsgeländer und der Delphinbrunnen erhalten. An die Stelle der „Brühlschen Herrlichkeiten" traten im Laufe der Jahre Monumentalbauten wie die hell gestrichene, zum Hilton-Hotel gehörende Sekundogenitur und die massive Kunstakademie. Seit der Fertigstellung des Ständehauses zwischen 1901 und 1906 ragt zudem eine weitere Turmspitze in die Höhe, die die Silhouette der Elbmetropole bestimmt. Am Elbufer unterhalb der Brühlschen Terrasse locken die Dampfer der „Weißen Flotte" zur Stadtrundfahrt.

Dresden – Cholerabrunnen

Eine Dankesgabe mit neuer Perspektive

Um 1970 Auf der zwischen Zwinger und Taschenbergpalais verlaufenden Sophienstraße behauptete sich in den 1970er-Jahren stolz der neugotische Cholerabrunnen vor der trostlosen Kulisse des verfallenen Residenzschlosses. 1945 waren das Schloss und das daneben liegende, erst 1943 umfangreich restaurierte Taschenbergpalais von den Bomben des Zweiten Weltkriegs zerstört worden. Einzig der Cholerabrunnen blieb – obwohl leicht beschädigt – erhalten. Geschaffen hatte den Brunnen, der von 1843 bis 1888 noch auf dem Postplatz gestanden hatte, der Architekt Gottfried Semper, finanziert worden war er von Freiherr Eugen von Gutschmid, weshalb er auch Gutschmidbrunnen genannt wird. Anlass für die Stiftung war die Verschonung der Stadt vor der Cholera, die in den Jahren 1840–1841 in ganz Sachsen gewütet hatte.

Ursprüngliche Pracht Heute hebt sich der Brunnen vom hellen Seitenflügel des nach alten Vorlagen wiederaufgebauten Taschenbergpalais ab, das heute ein Luxushotel beherbergt und nun das Residenzschloss verdeckt. Auf diese Weise kommen die Spitzsäule des Brunnens mit ihrer großen Kreuzblume und die zahlreichen hohen Spitzbögen auf dem 6,70 Meter breiten achteckigen Grundbecken besonders gut zur Geltung. An den Seiten der Säule sind Figuren angebracht, die Wittekind, den ersten getauften Fürsten der Sachsen, Winfried Bonifatius, den „Apostel der Deutschen", Johannes den Täufer und Elisabeth, die thüringische Landgräfin, abbilden. Nachdem die Schäden des Zweiten Weltkriegs 1966/1967 behoben worden waren, musste der Brunnen 1996 aufgrund von Verwitterungs- und Vandalismusschäden erneut saniert werden und ist nun wieder in seiner ursprünglichen Pracht zu bewundern.

Dresden – Kreuzkirche

Die früheste Dresdner Stadtkirche im Wandel der Jahrhunderte

1765 Die früheste Dresdner Stadtkirche wurde bereits 1215 als eine dem heiligen Nikolaus gewidmete romanische Basilika errichtet. 1388, nachdem dem Gotteshaus mit einem Holzsplitter vom Kreuz Christi eine kostbare Reliquie geschenkt worden war, erfolgte jedoch die Neuweihe als Kirche „Zum heiligen Kreuz". Nach der Reformation wurde hier 1539 der erste lutherische Gottesdienst der Stadt abgehalten, seither ist die Kreuzkirche die evangelische Hauptkirche Dresdens. 1760, während der preußischen Belagerung der Elbstadt im Siebenjährigen Krieg, erlitt die gotische Hallenkirche starke Zerstörungen durch Beschuss. Im Zuge der Aufbauarbeiten stürzte 1765 die Westturmfassade ein und musste abgetragen werden. Bernardo Belotto, genannt Canaletto (1721–1780), hielt auf einem seiner Ölgemälde eben diesen Blick auf die Gebäuderückseite für die Nachwelt fest: Das Bild „Die Trümmer der ehemaligen Kreuzkirche in Dresden" von 1765 lässt sich heute in der Gemäldegalerie „Alte Meister" bewundern.

Musikalisches Wahrzeichen Dieselbe Perspektive wie auf dem Ölgemälde zeigt eine Fotografie aus dem Jahr 2007. Die wiedererrichtete nüchterne Fassade des zweigeschossigen Sandsteinbaus überragt mit ihrem 92 Meter hohen Kirchturm und dem zweitgrößten Geläut Deutschlands die Häuser an Kreuzstraße und Schulgasse. Seit Canalettos Lebzeiten wurde das Gotteshaus noch zweimal fast völlig vernichtet: durch einen Brand 1897 und durch die Bombardierung 1945. Bei ihrer erneuten, 1946 begonnenen Wiederherstellung hatte die äußere denkmalsgerechte Rekonstruktion der Kreuzkirche Vorrang, sodass ihr Innenraum betont schlicht instand gesetzt wurde. Dieses einzigartige Provisorium währt nach wie vor. Seit der letzten Kirchenweihe 1955 ist das vierte Nachfolgegebäude der ursprünglichen Kreuzkirche wieder zur Heimstatt des um 1300 gegründeten Dresdner Kreuzchors geworden, der von der Sängertribüne erklingt. Der international renommierte Knabenchor begleitet die Vespergottesdienste in der Kirche und interpretiert geistliche Musik der Vergangenheit und Gegenwart.

Dresden – Residenzschloss

Zerstörung und Neubau

Um 1970 Wie fast alle bekannten Bauwerke der Elbmetropole war auch das Residenzschloss durch die Bombenabwürfe 1945 stark in Mitleidenschaft gezogen worden. Wenngleich einige Renaissancetore erhalten blieben, so waren weite Teile des 500 Zimmer und Säle fassenden Schlosskomplexes ausgebrannt. In den Flammen ging zudem ein Großteil des wertvollen Interieurs verloren. Zerstörung und Neubau prägen die gesamte Geschichte des Vierflügelbaus, der auf das Ende des 15. Jahrhunderts zurückgeht. Ursprünglich im 12. Jahrhundert als Burg erbaut, begann die Umgestaltung bereits um 1400 mit dem Bau des Hausmannsturms. Schon 1701 waren der Nord- und Ostflügel des Gebäudes einem Schlossbrand zum Opfer gefallen, wonach August der Starke (1670–1733) zwischen 1717 und 1719 die zerstörten Teile wiederaufbauen ließ und den Bau um eine wirkungsvolle Fest- und Repräsentationsetage erweiterte. Der letzte große Umbau der Vorkriegszeit, bei dem das Gebäude vorwiegend im Stil der Neorenaissance umgestaltet wurde, erfolgte 1889–1901, als sich das wettinische Herrschergeschlecht für seine 800-Jahr-Feier rüstete. Noch bis 1918 blieb das Schloss Wohn- und Regierungssitz der albertinischen Linie der Wettiner.

Alt und Neu Während der Jahrzehnte nach Kriegsende hätten sich die Dresdner wohl kaum träumen lassen, dass das ehemalige Machtzentrum, in dem seit 1485 die sächsischen Kurfürsten und Könige residiert hatten, ab 1986 schrittweise als Museumsgebäude wiederaufgebaut werden würde. Heute ist in Dresden das Nebeneinander von Alt und Neu allgegenwärtig. Vom Glockenspielpavillon des historischen Zwingerbaus herab sieht man, wie eine moderne Straßenbahn im Jahr 2007 am Moritzbau, dem Westflügel des neu aufgebauten Schlosses, vorüberfährt. Bereits 2006, zur 800-Jahr-Feier der Stadt Dresden, waren die meisten Restaurierungsarbeiten am baulichen Erbe des Stadtschlosses beendet. Bis 2013 sollen auch die letzten Arbeiten ihren Abschluss finden.

Dresden – Striezelmarkt

Weltberühmter Weihnachtsmarkt

1978 Da schlugen Kinderherzen höher: Väterchen Frost, das russische Pendant zum Weihnachtsmann, war 1978 höchstpersönlich aus der Sowjetunion angereist, um dem Anschnitt des Dresdner Christstollens auf dem Striezelmarkt beizuwohnen. Sein Bühnenauftritt wurde von Hunderten Kindern, welche die Figur aus sowjetischen Märchenfilmen kannten, gespannt verfolgt. Bis zum Ende der 1990er-Jahre war Väterchen Frost fester Bestandteil im Programm des ältesten deutschen Weihnachtsmarktes.

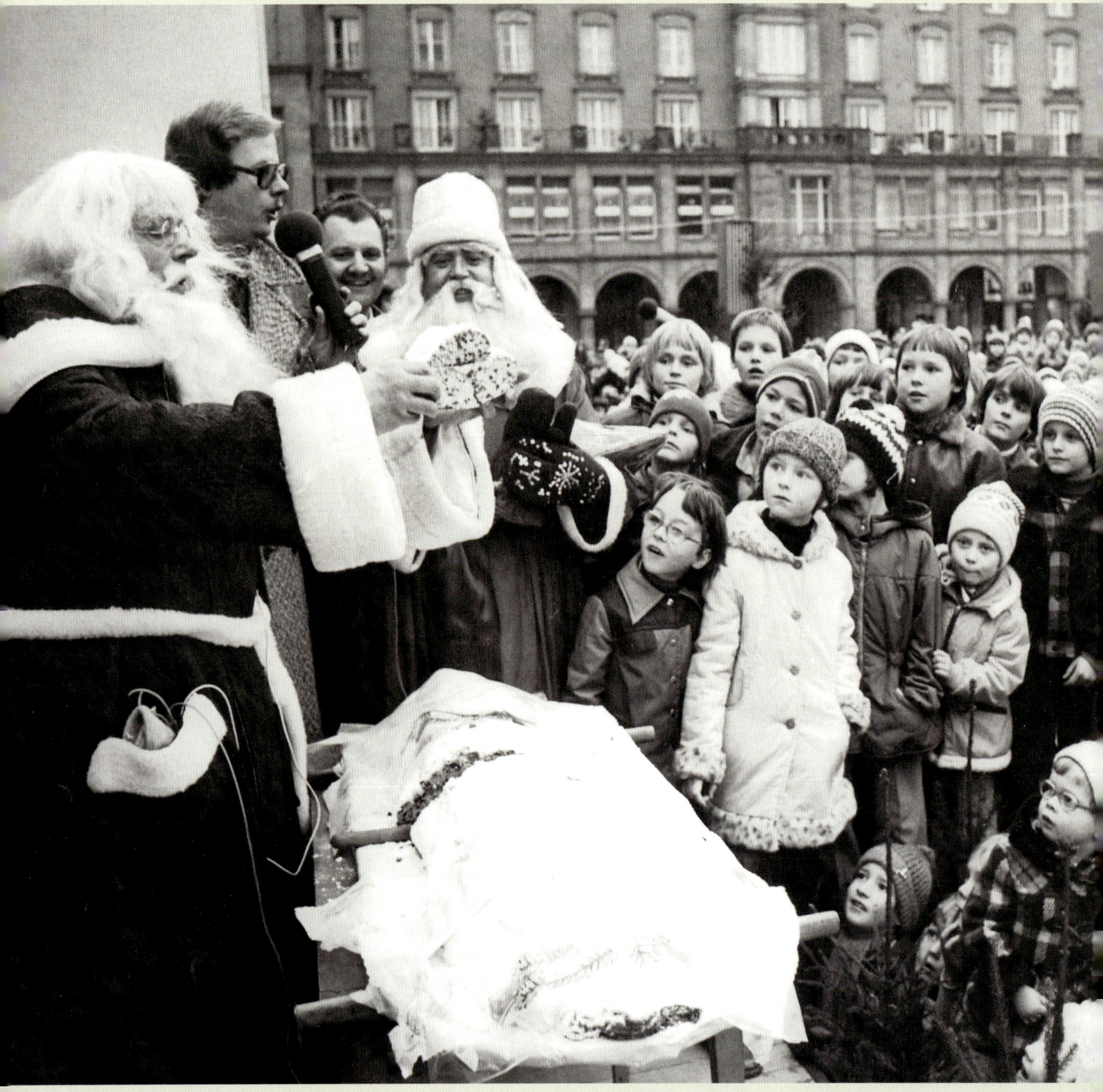

Beleuchteter Altmarkt Jedes Jahr zur Weihnachtszeit kann der Besucher mitten in Dresden einen besonders schönen Anblick genießen: Bei einbrechender Dunkelheit wird der Platz im Zentrum der Stadt von der traditionellen Weihnachtsbeleuchtung erhellt. Wie schon vor 570 Jahren findet der Striezelmarkt auch heute noch auf dem Altmarkt statt. In der Mitte des Marktes wird eine hohe, mit Lichtern geschmückte Tanne aufgestellt, die alle Blicke auf sich zieht. Dahinter leuchten die roten Dächer des riesigen Märchenschlosses mit seinem Märchenwald. Dieser ist bei Kindern mindestens genauso beliebt wie das Riesenrad und die Figuren der hölzernen Pyramide. Eine Vielzahl von Händlern bietet in der Budenstadt ihre Waren feil, darunter Dresdner Stollen und Pflaumentoffel, Pulsnitzer Lebkuchen sowie bekannte erzgebirgische Holzspielwaren wie Räuchermännchen oder Schwibbogen.

Weesenstein – Schloss

Königssitz mit Hochwasserschaden

Um 1910 In die einstige Lieblingsherberge von König Johann von Sachsen (1801–1873) gelangte man Anfang des 20. Jahrhunderts über den von Platanen und Wirtschaftsgebäuden begrenzten Schlosshof. Von hier aus führte eine Brücke zum wappengeschmückten Renaissanceportal. Durch das lange Torgewölbe des Unterschlosses kam der Reisende schließlich in die Schlossgemächer und -kabinette. Zur Entstehungszeit der Fotografie befand sich der alte Adelssitz noch im Privatbesitz des sächsischen Fürstenhauses. Nur acht Jahre später ging Schloss Weesenstein in bürgerliche Hand über. Über Jahrhunderte hinweg hatte man Um- und Erweiterungsbauten in verschiedenen Baustilen vorgenommen, um aus der mittelalterlichen Burganlage, die im Grenzgebiet zwischen dem Königreich Böhmen und der Mark Meißen in den Fels geschlagen worden war, ein repräsentatives Wohnschloss zu machen.

Verlorenes Parkidyll Von der Südseite her präsentiert sich Weesenstein als achtstöckige Schlossanlage mit mehreren Flügeln. An dem zum Schloss gehörenden schlanken Rundturm wurden im September 2002 verschiedene Baumaßnahmen durchgeführt. Im August, nur einen Monat vorher, hatte die über die Ufer tretende Müglitz dicke Schichten an Schlamm und Geröllgut sowie große Zerstörungen in der kleinen Gemeinde Weesenstein hinterlassen. Das heutige Museum mit seinen wertvollen original erhaltenen Tapeten hingegen überstand das Hochwasser dank seiner erhöhten Lage völlig unbeschadet. Einzig der Park mit seinen alten Bäumen und den blühenden Rosensträuchern wurde stark in Mitleidenschaft gezogen.

Nationalpark Sächsische Schweiz – Kuhstall

Romantik in Sandstein

1849 Bizarre Felsnadeln, kleine Tafelberge, hohe Abgründe und kuriose Gebirgsformen wie das hier zu sehende Felsentor– vom Elbgebirge geht ein Zauber aus, dem sich der Betrachter nicht entziehen kann. Noch im 18. Jahrhundert galt das Gebiet als unbekanntes Wunderland, das romantische Landschaftsmaler wegen ihrer schroff geformten Felswände inmitten dichter Wälder und tief eingeschnittener Schluchten priesen. Zu jener Zeit gab es noch keine sicheren Wege und die Gipfelstürmerei galt als höchst gefährliches Unterfangen, wie alte Reisetagebücher zu berichten wissen. Doch nachdem sich die landschaftlichen Reize des Elbsandsteingebirges ein Jahrhundert später herumgesprochen hatten, eroberten Touristen die zerklüftete Bergwelt nahe der tschechischen Grenze. Moderne Fortbewegungsmittel machten es möglich: Der Dampfschiffverkehr auf der Elbe hatte 1836 Einzug gehalten, und auch durch die Eröffnung der Eisenbahnlinie Dresden – Tetschen/Bodenbach von 1851 konnten die Ausflügler aus Dresden und der Umgebung schnell und bequem vor Ort gelangen.

Imposantes Felsentor Mitte des 19. Jahrhunderts waren Ausflügler oft in einer berittenen Touristengruppe unterwegs, wie der zeitgenössische Schnitt zeigt. Auch Tragstühle für Damen kamen zum Einsatz, wie der dänische Dichter Hans Christian Andersen (1805–1875) berichtet. Er hatte sich am 6. Juni 1831 zu einem Ausflug zum Kuhstall aufgemacht. Heute meistern Wanderer den Aufstieg zum Neuen Wildenstein gut ausgerüstet mit festem Schuhwerk und Rucksack. In dem Felsmassiv findet sich ein riesiger, elf Meter hoher Felsenbogen, der einst Kühen Schutz bot und so zu seinem Namen „Kuhstall" kam. Einer Sage nach sollen Raubritter der nahe gelegenen Wildensteiner Burg die 24 Meter tiefe Höhle als Versteck für ihre gestohlenen Rinder genutzt haben. Heute werden Wanderfreunde vor allem durch die wunderbare Aussicht gelockt, die sich ihnen nach dem Durchschreiten des Sandsteinfelsbogens eröffnet. Wem das noch nicht reicht, der kann noch höher steigen und die sogenannte Himmelsleiter, eine enge Felsspalte, erklimmen. Von dort aus bietet sich ein herrlicher Blick auf die 360 Hektar große Felsenwelt des Nationalparks mit ihren etwa 1100 frei stehenden Felsen.

Bad Schandau – Lichtenhainer Wasserfall

Früher Besuchermagnet

Um 1900 Fortschrittlich ging es Anfang des 20. Jahrhunderts in einem beschaulichen Tal des Elbsandsteingebirges zu: Saumtiere, Führer und Träger gerieten ins Hintertreffen, denn die Ausflügler reisten per Pferd, Fahrrad und Bahn an, um sich den bekanntesten Wasserfall des heutigen Nationalparks anzuschauen. Da der Wasserzufluss aus dem Dorfbach vom oberhalb gelegenen Lichtenhain nicht sehr stark war, baute man 1830 ein hochziehbares Wehr und staute das Wasser. In ihrer Position als Wasserfallzieher zogen fortan Lichtenhainer Bürger, die nebenbei einen winzigen Ausschank vor Ort betrieben, gegen ein Entgelt an der Leine. Öffnete sich die kleine Stauanlage, ergoss sich statt eines kurzen Wasserschwalls ein großer Wasserfall über den Felsen – so wie es vom Schild am 1853 entstandenen Gasthaus ausgewiesen wurde. In der Folge übernahm der Wirt der Ausflugsgaststätte dieses Amt und unterhält noch heute halbstündlich die angereisten Touristen.

Ausflugsbahn im Kirnitzschtal Der Fremdenverkehr im wildromantisch felsigen Kirnitzschtal nahm nach der Eröffnung einer Bahnstrecke am Pfingstsamstag des Jahres 1898 stetig zu. Wo es vorher nur einen schmalen Weg für den Holztransport gab, entstand nun eine Gleisanlage mit einer Spurbreite von einem Meter. Die Kirnitzschtalbahn, der kleinste Straßenbahnbetrieb in Sachsen, hält seither an der Endstation „Lichtenhainer Wasserfall" , an der man immer noch das im Originalzustand erhaltene Wirtshaus betrachten kann. Die acht Kilometer lange Strecke bis ins Zentrum von Bad Schandau schafft die Bahn innerhalb von 30 Minuten. Von August 2002 bis April 2004 hatte das Traditionsgefährt wegen eines Hochwasserschadens eine Zwangspause einlegen müssen. Im Mai setzte der Fahrbetrieb mit dem abgebildeten verglasten Triebwagen aus dem Jahr 1928 wieder ein.

Rathen – Felsenbühne
Naturschönheit als Kulisse

1988 Fast jeder Besucher des Elbsandsteingebirges reist einmal in den Kurort Rathen, denn von dort erreicht man die Bastei, die Hauptattraktion der unvergleichlichen Bergwelt, am besten. Zwischen den gewaltigen Basteifelsen erhebt sich hoch über der Ortschaft eine steinerne, 76 Meter lange Brücke, die einen unvergesslichen Panoramablick über die Sächsische Schweiz und die sich in weiten Bögen windende Elbe bietet. Genauso wildromantisch geht es auch unterhalb des Felsmassivs zu. Dort liegt der idyllische Wehlgrund mit seiner 1936 eröffneten Naturbühne, die wegen ihrer besonderen Akustik sehr geschätzt wird. Sie hat neben Klassikern der Opernliteratur wie dem „Freischütz" auch die Abenteuergeschichten von Karl May (1842–1912) im Repertoire. Und das aus gutem Grund, denn die „Canyons" seiner sächsischen Heimat erinnerten den Schriftsteller sicherlich an seine 1908 unternommene Reise nach Amerika.

Der Schatz am Silbersee Die ersten Karl-May-Festspiele gingen 1938 am Fuße der Wehltürme über die Bühne. Seit dieser Zeit ritten Winnetou mit seiner „Silberbüchse" und Old Shatterhand mit seinem „Bärentöter" in verschiedenen Bühnenfassungen über das Gelände. Die Buchfiguren waren nicht nur auf dem Felsentheater zum Leben erweckt worden, Karl Mays Romane wurden in den 1960er-Jahren auch sehr erfolgreich mit dem Franzosen Pierre Brice (* 1929) in der Rolle des Winnetou verfilmt. Noch in den 1990er-Jahren hielt das Publikum seinem Indianerfreund die Treue. Deshalb stattete der bekannte Schauspieler dem Ensemble der sächsischen Freilichtbühne während einer Aufführung im Juli 1988 einen Besuch ab. Die Beliebtheit der Abenteuergeschichten hatte indes nicht nachgelassen. Anlässlich des 165. Geburtstages von Karl May inszenierten die Landesbühnen Sachsen 2007 das Stück „Der Schatz am Silbersee" in einer Bearbeitung des Regisseurs Olaf Hörbe (* 1952). Auf dem Foto, das bei einer Probe entstand, begrüßt Old Shatterhand seinen Blutsbruder Winnetou vor der Felsenkulisse.

Größter Azaleen- und Rhododendronpark Deutschlands Weite Blumenmeere, dunkle Wälder und kleine Seen – all dies trägt zur romantischen Stimmung im Kromlauer Park bei. Die auf dem Bild zu sehende Rakotzbrücke entstand 1860 in zehnjähriger Bauzeit und zählt zu den interessantesten Bauwerken des Parkes. Bei den Einheimischen ist sie auch als „Teufelsbrücke" bekannt.

In der Oberlausitz

Der Tradition verhaftet Seinen Namen bekam die Lausitz im 15. Jahrhundert von den Lusizern, einem slawischen Stamm, der in der Region beheimatet war. Traditionell unterteilt man den Landstrich um Neiße und Spree in die Gebiete der Nieder- und Oberlausitz. Letztere kam im Mittelalter durch den Sechsstädtebund zu Reichtum und Ansehen. Heute steht die Wirtschaft der Oberlausitz im Zeichen des Dreiländerecks von Deutschland, Polen und der Tschechischen Republik. Derzeit leben etwa 780 000 Menschen in der Region, darunter auch die überwiegend katholischen Sorben, die eine eigenständige Kultur und Sprache pflegen. Mehr als 20 000 Menschen rund um die Städte Bautzen, Kamenz und Hoyerswerda sprechen Sorbisch.

Bautzen – Sorbische Kultur
Ein Volk kämpft ums Überleben

1985 Einer gewissen Hartnäckigkeit ist es zu verdanken, dass ein Teil der Sorben, die ab dem 12. Jahrhundert das Durchzugsgebiet westlich der Neiße bevölkerten, trotz Christianisierungs- und Unterwerfungsversuchen noch heute eine eigenständige Kultur und Sprache besitzt. Die Sorben, eine der kleinsten europäischen Minderheiten, mussten schon immer hart für den Erhalt ihres Brauchtums kämpfen. So ist es nicht verwunderlich, dass im 19. Jahrhundert der Gedanke an die slawische Wiedergeburt aufkam. Sorbische Zeitungen fanden eine stärkere Verbreitung, und es wurden vermehrt sorbische Feste abgehalten. Im Jahr 1921 gründete sich zur Stärkung eine Interessenvertretung namens Domowina – nach dem sorbischen Begriff für Heimat. Dieser politisch unabhängige Dachverband setzte sich für die Wahrung der sorbischen Rechte ein. Er wurde 1937 verboten, gründete sich allerdings 1945 neu. Die Autonomierechte der Sorben wurden zum ersten Mal in der DDR-Verfassung festgeschrieben. Aus diesem Grund gibt es eine Vielzahl sorbischer Institutionen und Museen in Budysin – wie die Sorben ihre Metropole nennen. Da sich beim Feiern Volkskultur, Sprache und Kunst der slawischen Minderheit am besten am Leben halten lassen, sind Veranstaltungen wie das „Festival der sorbischen Kultur" im Bautzener Zentrum stets gut besucht. Die sorbische Folklore lebte bei diesem Festival im Zeitraum von 1966 bis 1989 insgesamt sechsmal auf.

Protestaktionen Die Bestätigung der zu DDR-Zeiten erworbenen politischen Rechte im sogenannten Einigungsvertrag ließ das sorbische Nationalbewusstsein genauso erstarken wie die 1991 erfolgte Gründung der „Stiftung für das sorbische Volk" durch den Bund, den Freistaat Sachsen und das Land Brandenburg. Doch die Sorben benötigen vor allem ausreichende finanzielle Mittel, um das Fortbestehen ihres Volksstammes abzusichern. Und gerade diese werden immer wieder reduziert. So führte beispielsweise die geplante Kürzung des Stiftungsetats für die sorbische Kultur im März 2008 zu einer Protestaktion in Bautzen, bei der sich viele Sorben zusammenfanden, um ihrem Unmut Ausdruck zu verleihen und auf ihre missliche Situation aufmerksam zu machen.

Bautzen – Fischerpforte

Wehranlage inmitten der tausendjährigen Stadt

1977 Die nahe der Spree gelegene verschließbare Fischerpforte regelte früher den Zugang zur Stadt Bautzen. Weil es vor allem Fischer waren, die von einer Gasse über den Treppenaufgang zum Bautzener Markt gelangen wollten, erhielt das Torhaus mit Wehrgang schnell den Beinamen Fischerpforte. Das Tor wurde Anfang des 16. Jahrhunderts erbaut und im Jahr 1870 wieder abgerissen. Dennoch wird der Platz zwischen der inneren und äußeren Stadtmauer – heute mit einem zweisprachigen Schild gekennzeichnet – noch immer als Fischerpforte bezeichnet. Im Mai 1977 passierte eine kleinen Personengruppe die Stelle des ehemaligen Torhauses, darunter eine Frau in traditioneller sorbischer Tracht. Sie stiegen die Stufen zum Hexenhäuschen hinab, einem mit Schindeln gedeckten über 400 Jahre alten Fischerwohnhaus.

Unverwechselbare Turmsilhouette Von der Fischerpforte aus sieht man auch heute noch die für Bautzen typischen gut erhaltenen mittelalterlichen Stadtanlagen mit den zahlreichen Türmen. So ragt zum Beispiel auf einem Felsen über der Spree der sich nach oben verjüngende runde Turm der „Alten Wasserkunst" in den Himmel. Die bekannte städtische Sehenswürdigkeit wurde 1558 erbaut. Ihr Schöpfrad sicherte die Wasserversorgung der Stadteinwohner, indem das Wasser der Spree über Rohrleitungen hinauf in die Burgstadt gepumpt wurde. Heute ist das technische Kunstwerk mit seinen voll funktionstüchtigen Pumpen zum Museum umgestaltet. Ein weiterer steinerner Zeitzeuge, der sich von der Fischerpforte aus erkennen lässt, ist die Kirche St. Michaelis mit ihrem eckigen Turm. Gewidmet wurde der Sakralbau dem Erzengel Michael anlässlich der erfolgreichen Hussitenabwehr von 1429. Seit 1619 ist die Michaeliskirche die Gemeindekirche für die evangelischen Sorben in Bautzen und Umgebung.

Sorbisches Osterreiten

Nach altem Brauch

1970er-Jahre Jahr für Jahr lebt in den Gebieten der Oberlausitz, zwischen Kamenz und Bautzen, der vorchristliche Brauch des Osterreitens auf. Mehr als Tausend katholische Sorben reiten in schwarzem Gehrock und Zylinder bei den verschiedenen Prozessionen mit. In diesem Reiterzug sind es 326 Reiter, die sich am frühen Ostersonntagmorgen auf ihren geschmückten Pferden in der nordostsächsischen Gemeinde Ralbitz zu einer festlichen Prozession formieren. Auf ihrem Weg nach Wittichenau erklingen alte slawische Choräle und Gebete. Der Brauch besagt, dass sich die verschiedenen Reiterzüge der einzelnen Gemeinden nicht begegnen dürfen, daher weichen sie nie von den seit Jahrhunderten benutzten Wegen ab.

Frohe Botschaft Die Osterreiter befinden sich auf dem Weg von Crostwitz nach Panschwitz. Auch im Jahr 2007 ziehen die festlich gekleideten Männer langsamen Schrittes über Felder, Landstraßen und um Kirchen. Allen voran werden hoch zu Ross die Kirchenfahnen und ein Kreuz getragen. Ursprünglich hatten ihre heidnischen Ahnen mit diesem Flurumritt ihre junge Saat gesegnet und ihrer Hoffnung auf gute Ernte Ausdruck verlichen, später verkündeten die katholischen Sorben mit ihrer Prozession die Osterbotschaft von der Auferstehung Jesu Christi.

Löbau – Rathaus

Gründungsort des Sechsstädtebundes

1990 Das Löbauer Rathaus ist ein frei stehendes Gebäude auf dem Marktplatz. Besonders auffällig ist sein burgartiger Turm, ein Relikt aus der Zeit nach dem großen Stadtbrand von 1710. Damals wurde ein Neubau auf den Mauern des alten Rathauses errichtet. In dessen Amtsräumen hatte bis ins 19. Jahrhundert der 1346 geschaffene Städtebund getagt. Die Löbauer Stadtväter hatten sich zu jener Zeit zusammen mit Bautzen, Görlitz, Kamenz, Lauban (in Polen) und Zittau entschlossen, gemeinsam Handel zu treiben, sich gegen Raubritter zu schützen und sich gegenseitig zu unterstützen. Der Sechserbund zerfiel jedoch 1868 und wurde erst 1991 zum Wohle von Kultur und Tourismus wiederbelebt.

Wappenbehangenes Ratstor Selbst zu Zeiten des Städtebundes blieb Löbau ein relativ kleiner Ort. Er besaß kein städtisches Patriziat und lockte auch keine reichen Handelsherren an. Zwar brachte es die Stadt im 19. Jahrhundert, als sie zum größten Oberlausitzer Garnmarkt wurde, zu bescheidenem Wohlstand, doch hielt man die städtischen Wohn- und Geschäftsbauten dennoch schlicht. Umso heller leuchten bei klarem Winterwetter die vergoldeten Wappen über dem Eingang des Rathauses. Zu sehen sind das Doppelwappen von Sachsen und Böhmen und das Stadtwappen Löbaus. Darüber hinaus wurden unter den Ziffernblättern der blau-goldenen Uhren jeweils Sonnenuhren angebracht.

Herrnhut

Ausgangspunkt der Brüder-Unität

1880 Wer den Namen „Herrnhut" hört, denkt wohl zuerst an die berühmten vielzackigen Herrnhuter Advents- und Weihnachtssterne, die es schon seit der Mitte des 19. Jahrhunderts zu kaufen gibt. Gebastelt wurden sie in den Schulen der Herrnhuter Brüdergemeinde. Diese entstand 1722, als der Reichsgraf und Theologe Nikolaus Ludwig von Zinzendorf (1700–1760), der selbst einer österreichischen Emigrantenfamilie entstammte, protestantischen Glaubensflüchtlingen aus Mähren und Böhmen auf seinem Land Unterschlupf gewährte. In der Folge entstand zwischen Löbau und Zittau eine kleine Ortschaft, dessen gläubige Einwohner sich unter des „Herrn Hut" stellten. Ab 1732 trugen die Herrnhuter ihre Losungen mithilfe eines kleinen Andachtsbuches in alle Welt. Ausgangspunkte ihrer christlichen Missionsarbeit waren damals Westindien und Grönland, heute ist die Herrnhuter Brüder-Unität auf insgesamt vier Kontinenten beheimatet. Bis zum Ende des 19. Jahrhunderts, der Entstehungszeit dieser Fotografie, verwaltete die Brüdergemeinde den kleinen Ort als politisch selbstständige kommunale Einheit. Wegen seines hohen internationalen Bekanntheitsgrades wurde Herrnhut 1929 das Stadtrecht verliehen.

Gottesacker und Gemeindehaus Steht man auf dem nahe gelegenen Hutberg, so fällt der Blick zunächst auf einen in gleichmäßige Quartiere gegliederten Rasenfriedhof, anschließend auf den historischen Stadtkern und im Hintergrund auf das Zittauer Gebirge. Die friedlich anmutende Friedhofsanlage mit ihren Grabplatten wird Gottesacker genannt und steht unter Denkmalschutz. Inmitten der Hecken und Linden finden sich die Gräber der Familie Zinzendorf. Darüber hinaus werden seit jeher alle Herrnhuter Gemeindemitglieder auf diesem Friedhof bestattet. Der Gottesacker zählt genau wie die dahinter liegende Kirche mit der kleinen Turmspitze zu den liturgischen Gemeinderäumen der Brüder-Unität. Die vertriebenen Protestanten nannten diese schlicht Gemeindehaus. 1757 geweiht, wurde sie am 9. Mai 1945 zusammen mit großen Teilen Herrnhuts von der Roten Armee niedergebrannt. Das zentrale Bauwerk der Brüdergemeinde wurde jedoch 1953 nach historischem Vorbild wiederaufgebaut. Im Kirchsaal ist alles in schlichtem Weiß gehalten. Es gibt keinen Altar, keine Kanzel und keinen Taufstein.

Görlitz – St. Peter und Paul

Ehrwürdiges Wahrzeichen

1905 Die Pfarrkirche St. Peter und Paul zeugt in imposanter Weise von der einstigen wirtschaftlichen Bedeutung der östlichsten deutschen Stadt. Im 11. Jahrhundert aus einer Burgkirche hervorgegangen, wurde der Sakralbau zwischen 1423 und 1497 umgebaut und vergrößert. Die Bildpostkarte zeigt allerdings nur den Nachbau der Ende des 17. Jahrhunderts abgebrannten städtischen Hauptpfarrkirche. Vom Neißeufer aus erblickt der Betrachter die Rückseite der fünfschiffigen Hallenkirche mit ihrem mehr als 70 Meter langen, spitz zulaufenden Kupferdach. Die steinernen achteckigen, neogotischen Türme zieren die Kirche erst seit etwa einem Jahrhundert. Sie zeigen zum Kern der einzigartig geschlossenen Altstadt hin, die von der spätmittelalterlichen Blüte der Stadt geprägt ist. Die rauchenden Schornsteine entlang der Neiße wiederum bezeugen das Industriezeitalter, welches ab 1816 in Görlitz Einzug gehalten hat. Fabriken wurden gebaut und die maschinelle Tuchproduktion lief an.

Geteilte Stadt Im Vergleich zu damals ist die Zahl der Textilfabrikgebäude stark zurückgegangen, und die alten Bürger- und Handelshäuser haben eine Verjüngungskur hinter sich. Glücklicherweise hatte Görlitz kaum Kriegsschäden zu verzeichnen, weshalb die zum Teil jahrhundertealte Bausubstanz nach der deutschen Wiedervereinigung saniert und restauriert werden konnte. Wer heute nach Görlitz kommt, fährt durch eine geteilte Stadt. Seit dem Potsdamer Abkommen von 1945 ist die Ortschaft entlang der Lausitzer Neiße gespalten: Ein Teil liegt in Deutschland, der andere – mit Namen Zgorzelec– in Polen. Dass die Stadtteile dennoch fest miteinander verwachsen sind, zeigte sich im Jahr 1998, als die Stadtväter die vereinte Europastadt Görlitz/Zgorzelec ausriefen.

Görlitz – Postamt

Anpassung an moderne Bedürfnisse

Um 1905 Anfang des 20. Jahrhunderts spielte sich das Görlitzer Geschäftsleben vor allem auf dem Postplatz ab. An der Südostseite des architektonischen Ensembles standen das Postamt und ein Kunstbrunnen, unweit davon entfernt hatte man das Landgericht sowie prachtvolle Handels- und Wohnhäuser errichtet. Der einstige Viehmarkt vor den Toren der Stadt war innerhalb von wenigen Dekaden zu einem repräsentativen Platz geworden, an dem sich das Bürgertum gerne traf. An zentraler Stelle stand ein riesiger Brunnen mit einem Unterbau aus Marmor. Ihn zierte eine bronzene Frauenfigur mit einer großen Muschel in den Händen, was ihr im Volksmund den Namen „Muschelminna" einbrachte. Hinter der kleinen mit Eiben und Buchsbaum bepflanzten Gartenanlage und den eleganten gepflasterten Wegen zog das schmucke Postamt mit seiner schlossähnlichen Fassade alle Blicke auf sich. 1855 errichtet, wurde es 1888/89 zum Post- und Telegrafenamt umgebaut.

Geschlossene Anlage Die Gebäudeanlage ist an ihrem hinteren Ende mit einer halbrunden Mauer und zwei Torbögen versehen, um die seit 1897 Straßenbahnschienen herumführen. Bis 1882 mussten Fahrgäste allerdings noch mit einer Pferdebahn vorliebnehmen. Mit der Zeit wurde das Postamt immer mehr modernen Bedürfnissen angepasst, so wurde beispielsweise ein Teil des Gebäudes mit Glasdächern versehen. Die schöne Backsteinfassade ist mittlerweile nicht mehr vom Postplatz wegzudenken, und auch die von den Görlitzern so hochgeschätzte Muschelminna steht seit 1994 in Form einer Nachbildung wieder auf dem Platz. Das Original wurde während des Zweiten Weltkriegs zu Rüstungszwecken eingeschmolzen.

Görlitz – Parkeisenbahn
Ein Adler auf Schienen

Um 1980 Wie in Chemnitz und Dresden, so gibt es auch in Görlitz eine Parkeisenbahn. Die einstige Pioniereisenbahn transportiert seit 1976 jährlich bis zu 10 000 Gäste. Kernstück der Kleinbahn ist der blank polierte Zugwagen, der von Eisenbahnkennern zweifelsohne als Nachbau des legendären „Adler" erkannt wird. Das Original stammte aus England und war die erste erfolgreich eingesetzte Dampflokomotive auf deutschen Gleisen. Sie verkehrte ab 1835 auf der Bahnlinie zwischen Fürth und Nürnberg. Die kleine, originalgetreu nachgebaute Lokomotive und ihr Wagenzug hingegen wurden im VEB Waggonbau Görlitz gefertigt. Seit ihrer Inbetriebnahme zieht die Lokomotive die Fahrgäste in sechs offenen und geschlossenen Wagen über eine Strecke von etwa 800 Metern durch den Freizeitpark am Weinberg. Dabei erreicht sie eine maximale Geschwindigkeit von zehn Kilometern pro Stunde.

Start in eine neue Saison Von Lampions und grünen Zweigen festlich geschmückt, startete die Parkeisenbahn am 1. April 2000 in eine neue Fahrsaison. Wie immer nahm der Zugfahrer die Rundfahrt erst nach dem Zeichen zur Abfahrt auf. Dieses wurde von einem jungen Parkeisenbahner in Uniform gegeben, der gewissenhaft die Kelle hob. Bis Anfang November kümmerten sich die Kinder und Jugendlichen der „Arbeitsgemeinschaft Parkeisenbahn" in ihrer Freizeit um den Fahrbetrieb. Dabei wurden sie von Erwachsenen unterstützt, die ihnen bei technischen Fragen weiterhalfen.

Görlitz – Waggonbau
Erfahrung im Bereich Schienenfahrzeuge

1976 Der Waggonbau ist einer der wichtigsten Industriezweige in Görlitz: Bereits 1828 hatte man im dortigen Werk Eisenbahnwagen produziert. Etwa 100 Jahre später montierten die Arbeiter zum ersten Mal Doppelstockwagen. Diese für den Schnellverkehr zwischen Lübeck und Hamburg entwickelte Wagenart wurde lange Zeit produziert. Noch in den 1980er-Jahren wurden in den haushohen Montagehallen des volkseigenen Kombinats „VEB Waggonbau Görlitz" – größtenteils im Auftrag der Deutschen Reichsbahn der DDR – mehrteilige Doppelstockzüge zusammengebaut. Diese wurden ins benachbarte Polen exportiert, wo seit dem Ende des Zweiten Weltkriegs ein hoher Bedarf an Personenwagen herrschte.

Deutscher Marktführer Seit dem neuen Jahrtausend sind es weit über 1000 Angestellte, die für die Deutsche Waggonbau AG in Görlitz arbeiten. Das Unternehmen wurde 1997 von der kanadischen Bombardier-Gruppe übernommen und produziert mithilfe ausgeklügelter Technik und einer neuwertigen Fertigungslinie Wagenkästen, Reisezugwagen und U-Bahn-Waggons. Haupteinnahmequelle sind jedoch noch immer die Doppelstockwagen. So fertigen die Metallbauer – wie auf dem Foto abgebildet – schnittige Triebwagen für Hochgeschwindigkeitszüge sowie Bauteile für den ICE 3. Die Waggons aus Görlitz, die im Auftrag der Deutschen Bahn angefertigt werden, sind im gesamten Bundesgebiet unterwegs. Darüber hinaus wurden sie bislang auch nach Dänemark, Luxemburg, in die Niederlande und sogar nach Israel geliefert.

Bad Muskau – Neues Schloss und Garten
Von der Zerstörung zu neuem Glanz

1994 Kurz nach dem Ende des Zweiten Weltkrieges waren die glanzvollen Tage des Neuen Schlosses in Bad Muskau gezählt: Gebrandschatzt und geplündert, war das einstige Palais zur Ruine verkommen. Dieser Zustand sollte beinahe 50 Jahre andauern. Erst 1995 begannen die Restaurierungsarbeiten, die dem Schloss zu alter Pracht verhelfen sollten. Das Bauwerk, das 1520 unweit des unbequem gewordenen Alten Burgschlosses errichtet wurde, war mit Wällen und hohen Mauern gesichert. Seine heutige Gestalt im Stil der Neorenaissance erhielt das Schloss zwischen 1863 und 1866, als es den Eigentümer wechselte. Standesherr Fürst Hermann von Pückler-Muskau (1785–1871), der in diesen Gemäuern das Licht der Welt erblickt hatte, befreite sich 1845 mit dem Verkauf des Besitzes an Prinz Friedrich der Niederlande (1797–1881) von seiner hohen Schuldenlast.

Verwirklichung eines Gartentraumes Seit dem Jahr 2007 lässt sich das Ergebnis der vom Freistaat Sachsen finanzierten Schlossrestaurierung bewundern. Touristen erkunden das Gelände am nordöstlichen Zipfel von Sachsen und gönnen sich nach der Besichtigung des Neuen Schlosses einen Spaziergang durch den weitläufigen Landschaftspark im Tal der Lausitzer Neiße. Die Idee zu dieser Parkanlage hatte Fürst Pückler-Muskau. Der Lebenskünstler hatte sich als Reiseschriftsteller und Offizier verdingt, ging jedoch als Gartenbaukünstler in die Geschichte ein. Von seinen Studienreisen nach England inspiriert, ließ er ab 1815 in Bad Muskau einen reizvollen, 550 Hektar großen Landschaftsgarten anlegen, der offen für das Volk war. Es dauerte 30 Jahre bis zu seiner Vollendung. Nicht nur wegen seiner Größe sucht der Fürst-Pückler-Park seinesgleichen – er gilt als herausragend innerhalb der europäischen Gartenkunst des 19. Jahrhunderts und gehört daher seit 2004 zum UNESCO-Weltkulturerbe.

Das Bundesverwaltungsgericht bei Nacht Das ehemalige Reichsgerichtsgebäude zählt zu Leipzigs prächtigsten Bauten der wilhelminischen Kaiserzeit. Seit 1997 ist es Sitz des Bundesverwaltungsgerichts.

Leipzig und Sächsisches Burgen- und Heideland

Offen sein für Neues Die Leipziger gelten unter den Sachsen als besonders tüchtig und „fischeland", was so viel wie geschickt und klug bedeutet. Diesen Ruf haben sie sich nicht grundlos erworben. Keine andere Stadt hat über die Jahrhunderte hinweg so regen europaweiten Handel betrieben, keine andere sächsische Metropole ist so weltoffen und modern und keine andere ostdeutsche Großstadt hat sich nach der Wende so schnell den neuen Gegebenheiten angepasst. Die lebhafte Entfaltung von Leipzig spiegelt sich vor allem in der beachtlichen Bautätigkeit wider. Im Gegensatz dazu wird das mittelsächsische Hügelland, das Leipzig umgibt, weitgehend landwirtschaftlich genutzt.

Leipzig – Specks Hof
Im Wandel der Zeit

1920er-Jahre Im Jahr ihrer Stadterhebung veranstaltete die Kaufmanns- und Handwerkersiedlung Leipzig zum ersten Mal eine Messe. Dies war der Beginn einer Entwicklung, welche die Stadt bis heute kennzeichnet. Nicht umsonst gilt Leipzig als Messestadt. Die schon vorher jährlich abgehaltenen Messen wurden im 15. Jahrhundert zu Reichsmessen erhoben, wodurch sich Leipzigs Bedeutung als Handelsort verstärkte. Als die industrielle Großproduktion im 19. Jahrhundert zunahm, setzte ein Strukturwandel ein, mit dem aus Verkaufsmessen Mustermessen wurden. Dort stellten nun vorrangig die Textil-, Holz-, Keramik-, Glas-, Metall- und Spielwarenbranchen aus. Im Jahr 1895 strömten die Leipziger zur ersten reinen Mustermesse, welche fortan immer im Frühling und im Herbst stattfand. Den neuen Zeichen der Zeit waren die alten Messebuden und Ausstellungshöfe nicht gewachsen, weswegen bis 1917 in rascher Folge rund 30 neue Messehäuser öffneten und im Zuge dessen in Leipzig ein Labyrinth aus Handelshäusern, Lokalen, Gängen und Galerien entstand. Beispielhaft für diese Entwicklung ist das berühmte Messehaus Specks Hof, das mittels eines Durchgangs mit dem Messehof Hansahaus verbunden war.

Musterbeispiel für Messehäuser Als mondänes Ausstellungsgebäude für Leder-, Galanterie- und Schmuckwaren wurde der Messepalast Specks Hof in drei Bauphasen, beginnend 1908, errichtet. Namensgeber für das fünfgeschossige Handelshaus war Maximilian Freiherr Speck von Sternburg (1776–1856), der zuvor ein Kaufhaus am gleichen Ort betrieben hatte. In den 1920er-Jahren bahnten sich auf der einstigen Reichsstraße wahre Menschenmengen ihren Weg ins Gebäude, das an dieser Seite inmitten der zahlreichen Plakate und Straßenschilder werbewirksam zur Trauring-Ecke wies. Waren die Passanten eingetreten, wurden sie über einen Rundgang durch die Räume, Passagen und Lichthöfe geleitet, was für damalige Verhältnisse eine Innovation darstellte. Etwas weniger geschäftig ging es während der Adventszeit 2002 bei Ladenschluss vor den erleuchteten Schaufenstern zu. Nach Beseitigung der Kriegsschäden durch Millioneninvestitionen in den 1960er-Jahren war es bis 1995 erneut aufwendig rekonstruiert und modernisiert worden, sodass sich eine Vielzahl kleiner Geschäfte hier niederlassen konnte.

Leipzig – Auerbachs Hof

Mädlerpassage als Nachfolger

Um 1905 Sie gehört zu den beliebtesten Ladenstraßen der Innenstadt und wird von Einheimischen und Touristen gleichermaßen für ausgiebige Einkaufsbummel genutzt: Die Rede ist von der Mädlerpassage, die die Grimmaische Straße mit dem Markt verbindet. Die Leipziger verdanken sie dem wohlhabenden Kofferfabrikanten Anton Mädler (1854–1925). Er kaufte die mittelalterliche Kaufmannsanlage namens Auerbachs Hof auf, riss sie ab und ließ an ihrer Stelle 1912–1914 ein dreigeschossiges Messehaus mit zweiarmiger Ladenstraße errichten. Davon war zu Beginn des 20. Jahrhunderts allerdings noch nichts zu sehen. Zu dieser Zeit stand an der Stelle der Passage der Auerbachsche Hof, ein 1530–1538 entstandener Gebäudekomplex mit Durchgangsstraße. Sein Erbauer und Namensgeber war Dr. Heinrich Stromer von Auerbach (1482–1542). Der Mediziner und Stadtrat war wegen seiner Geschäftstüchtigkeit und seinem Weinausschank unterhalb seiner neuen Messegemäuer bekannt. Der Auerbachsche Komplex galt bis 1912 als wichtigster städtischer Handelshof. Er war in nahezu einhundert Gewölbe untergliedert, in denen sich eine Holztür an die andere reihte.

Mein Leipzig lob ich mir! Glücklicherweise sind „Auerbachs Keller“, die stadtbekannten Weinkeller in den Untergeschossen des alten Kaufmannshofs, beim Bau der Mädlerpassage nicht zerstört worden. Zahlreiche Proteste veranlassten Anton Mädler, sie originalgetreu unter seinem Handelshaus nahe der Grimmaischen Straße wieder instand zu setzen. Und die ohnehin schon riesigen unterirdischen Räume – sie galten als größte in Leipzig – wurden sogar noch erweitert. Die hohe Popularität der historischen Gewölbe ist nicht zuletzt Johann Wolfgang von Goethe (1749–1832) zuzuschreiben, der ab 1765 für drei Jahre in der Stadt studierte. Er ließ sich von dem Weinkeller zum Fassritt, der bekannten Szene aus „Faust I“, inspirieren und nannte Auerbachs Keller als einzig existierenden Ortsnamen in seinem Drama. So sind denn seit 1913 Mephisto, Faust und zwei Studenten als Bronzeplastiken in der lichtdurchfluteten, gläsern überdachten Mädlerpassage verewigt.

Leipzig – Alte Waage

Ursprünglicher Sitz des Waageamts

Um 1921 In den 1930er-Jahren wies ein großes Plakat über der Katharinenstraße zum „Meßamt für die Mustermessen in Leipzig". Das Haus an der Nordseite des Marktes hatte bis 1820 das Waageamt beherbergt und war 1917 zum Sitz des neu gegründeten Messamts geworden. Diese Funktion behielt es bis zu seiner Kriegszerstörung 1943 bei. Erbaut wurde das Renaissancegebäude 1555 unter Bürgermeister Hieronymus Lotter (1497–1580) als Stätte der Abgabenerhebung für alle Waren. Während der Messezeit war die Alte Waage das bedeutendste Leipziger Gebäude. Denn sämtliche Waren unterlagen der Waagepflicht, sodass alle in die Stadt einfahrenden Wagen in den Räumen der Ratshauptwaage gewogen und verzollt wurden. Weil das Alte Rathaus nebenan lag, befanden sich in dem mittelalterlichen Haus auch die Ratsweinschänke und die Trinkstube für die Ratsherren.

Vom Amts- zum Versicherungsgebäude Die Alte Waage erstrahlt heute in neuem Glanz – vergessen scheint der 14. Dezember des Jahres 1943, an dem das einstige Messamt durch einen Luftangriff vollständig zerstört wurde. Wie schon Jahrhunderte zuvor ziert das Eckgebäude nun wieder die Nordseite des Marktes. Bei der Restauration orientierte man sich zwar an der alten Frontfassade mit dem gestaffelten Giebel, die Ostseite zur Katharinenstraße hin gestaltete man jedoch nach zeitgenössischem Geschmack. Eine Referenz an das alte Eckgebäude stellen die Sonnenuhr und die schmiedeeiserne Wetterfahne dar. Seit 1996 ist das einstige Amtsgebäude der neue Sitz einer Versicherung.

Leipzig – Buchhändlerhaus

Treffpunkt der Branche

Um 1900 Wer kennt sie nicht, die Herren Baedeker, Brockhaus, Meyer, Reclam und Teubner? Sie trugen maßgeblich zu Leipzigs Ruf als Buchstadt bei. Um ihrer zu gedenken, wurden die Namen der berühmten Verlagsgründer Ende des 19. Jahrhunderts in eine Säule an der heutigen Prager Straße eingraviert. Diese gehörte zum Gebäude des „Börsenvereins der Deutschen Buchhändler zu Leipzig", das Buchhändlerhaus oder Buchhändlerbörse genannt wurde und durch sein prachtvolles Äußeres und Inneres das hohe Ansehen des Vereins widerspiegelte. Nach dreijähriger Bauzeit wurde das Backsteinhaus im Stil niederdeutscher Gilden- und Rathäuser 1888 als neuer Sitz des Börsenvereins eingeweiht. Denn das alte Gebäude in der Ritterstraße war zu eng geworden für die Treffen von Verlegern, Druckern und Buchhändlern, insbesondere die Zusammenkunft zur Ostermesse sprengte die beengten Platzverhältnisse. Die Vertreter aller drei Handelsstufen diskutierten zusammen Aspekte und Interessen ihres Berufsstandes wie Urheberrechtsfragen, staatliche Zensur oder Buchpreisbindung.

Haus des Buches Der Börsenverein Deutscher Verleger- und Buchhändlerverbände hat seinen Hauptsitz mittlerweile in Frankfurt am Main. Das literarische Leben Leipzigs wird nun vom Haus des Buches geprägt. Es gehört dem Netzwerk der Literaturhäuser in Berlin, Hamburg, Köln, Frankfurt am Main, Stuttgart, München und Salzburg an. Der moderne Neubau öffnete im Frühjahr 1996, pünktlich zur Buchmesse, seine Pforten. Auf Betreiben des Börsenvereins wurde es auf dem historischen Standort des kriegszerbombten alten Buchhändlerhauses im Osten der Stadt errichtet. Anfang des Jahres 1996 wurde an dem 11 000 Quadratmeter großen Buchzentrum – dem größten in Deutschland – noch fleißig gebaut. Literarische Vereine und Verbände fanden hier eine neue Unterkunft. Das Haus des Buches ist als Stätte der Begegnung konzipiert. Verlags- und Buchhandelsleute, Schriftsteller, Übersetzer, Illustratoren, Grafiker und Leser sollen hier die Möglichkeit zum gegenseitigen Austausch haben.

Leipzig – Buchmesse
Veranstaltung mit Tradition

1999 In den fünf miteinander verbundenen Leipziger Messehallen waren die durchbuchstabierten Gänge übervoll, als sich Fachbesucher und das neugierige Lesepublikum am 28. März 1999 über aktuelle Neuerscheinungen und Trends im deutschsprachigen und europäischen Buchmarkt informierten. Johannes Gutenberg (um 1400–1468) bildete mit der Verbesserung des Buchdruckverfahrens die Grundlage für den Siegeszug des Buches und beeinflusste die Geschicke der Handelsstadt nachhaltig: Bis zum Ende des 15. Jahrhunderts brachten auswärtige Buchdrucker regelmäßig Druckschriften nach Leipzig, mit denen ein reger Handel betrieben wurde. 1530 gab es bereits 1300 Buchtitel, die unter der Druckwalze entstanden waren, darunter Werke aus Theologie, Philosophie und Mathematik, liturgische Drucke und erste Klassikerausgaben. Anfang des 20. Jahrhunderts existierten bereits 144 Buchdruckereien im sogenannten Graphischen Viertel.

Paradies für Leseratten Dem selbstbewussten und weltoffenen Stadtbürgertum ist es zu verdanken, dass Leipzig bis 1945 mit Druckerzeugnissen aus allen Teilen Europas handelte. Dadurch gewann die Leipziger Buchmesse eine herausragende Bedeutung und etablierte sich als feste Größe neben der Messe der Buchhandelsstadt Frankfurt am Main. Die regelmäßig im März stattfindende Veranstaltung erweist sich alljährlich als Besuchermagnet: Im Jahr 2008 zählten die Veranstalter über 100 000 Gäste. So manche großen Verlagshäuser präsentierten ihre Neuerscheinungen und Trends des deutschsprachigen und europäischen Buchmarkts wirkungsvoll an großflächigen Ausstellungsständen. Wer die Orientierung in den verschiedenen Messehallen nicht verlieren wollte oder einen bestimmten Aussteller unter den 2300 Verlagen im Jahr 2008 suchte, konnte im Buchmessekatalog nachschlagen. Was den Frühjahrstreff in Leipzig einzigartig macht, sind die vielen Zusatzveranstaltungen an den unterschiedlichsten Orten in der Stadt – „Leipzig liest" beispielsweise ist, wie der Name schon sagt, ein riesiges Lesefest.

Leipzig – Automesse

Alles von Rang und Namen fährt auf

1951 Egal ob Käfer, Porsche oder Trabbi – Automobiltechnik hat die Menschen von jeher in ihren Bann gezogen. Jede Neuerung in diesem Bereich kann auf zahlreichen Automessen wie der in Leipzig begutachtet werden: Wurden 1888 noch die mit Luft gefüllten Reifen bewundert, so war es 1901 der neue Vierzylinderwagen von Daimler, der große Beachtung fand. Während 1906 der erste elektrische Zigarrenanzünder fürs Auto bestaunt wurde, so sorgte eine dreifarbig leuchtende Ampel, die aus den Vereinigten Staaten importiert worden war, 1919 für Aufregung. Auch Nutzfahrzeuge wurden mit der Zeit messetauglich. 1928 lud die Branche das erste Mal zur Internationalen Automobilausstellung für Last- und Sonderfahrzeuge, bei der verschiedene Typen von Lastkraftwagen, Omnibussen oder Dreirad-Transportwagen ausgestellt wurden. Die breite Öffentlichkeit interessierte sich hingegen vorrangig für die neuen Autofabrikate von Ford, Fiat, Daimler, Mercedes und Co. Die Messe war Pflichttermin für alle großen Automobilfirmen, 1951 war auch BMW mit von der Partie, der Autohersteller präsentierte sein neues Modell mit blank gewienerter Kühlerhaube.

Premiere-Messe Das alte Messegelände am Völkerschlachtdenkmal schloss seine Tore im April 1996, als im Leipziger Norden ein neues Areal eingeweiht wurde. Eröffnet wurde das durch einen 85 Meter hohen Messeturm markierte Gelände mit den neu konzipierten Messen „Auto Mobil International" (AMI) sowie „Verkehr + Logistik". Lange hatte man auf die Bogenkonstruktion aus Glas und Stahl gewartet, weshalb sich 250 000 Interessierte zur Messe einfanden. Vom Fach- und Privatpublikum wurde dabei eine Fahrzeugpremiere aus dem thüringischen Raum in Augenschein genommen: Der YES! Roadster 3.2 wurde in Altenburg produziert. Autofans und -experten konnten aber auch selbst Hand ans Steuer legen: Im Rahmen der Automobilmesse wurde auf dem Freigelände ein Fahrsicherheitstraining angeboten.

Leipzig – Gewandhaus

Ein Konzertgebäude im Wandel

Um 1910 Das Leipziger Gewandhaus ist untrennbar mit verschiedenen berühmten Komponisten verbunden: Brahms, Liszt, Mozart, aber auch Strauss und Tschaikowski nahmen hier den Taktstock in die Hand. In dem Konzerthaus wurden Werke von Beethoven, Brahms, Bruckner, Mendelssohn Bartholdy, Schubert, Schumann und Wagner uraufgeführt. Dafür hatten Architekten im Laufe der Jahrhunderte drei würdige Konzertbauten geschaffen. Das abgebildete Gebäude war bereits das zweite Leipziger Gewandhaus. Der Vorgängerbau war in seinen Ursprüngen ein Haus der Tuch- und Gewandmacher, das 1498 am Gewandgässchen errichtet wurde. Das staatliche, von Bäumen und einem Denkmal verschönerte Konzertgebäude wurde unter anderen von Martin Gropius (1824–1880) konzipiert und 1884 in einem Gründerzeitviertel südwestlich der Altstadt eingeweiht. Der Sandsteinbau steht unter dem am Giebel angebrachten Leitspruch „Res severa verum gaudium" – wahre Freude ist eine ernste Sache.

Spielstätte des Gewandhausorchesters Wer das Leipziger Gewandhaus in der Gegenwart besucht, trifft auf einen modernen Bau mit mehreren Sälen, in dessen Fensterfront sich das Opernhaus und weitere Gebäude am Augustusplatz spiegeln. Im Jahr 2003 waren vor dem Hauptfoyer kleine Informationsstände aufgestellt worden, die viele Interessierte anzogen. Erbaut zwischen 1977 und 1981, ersetzt das dritte Gewandhaus die traditionsreiche alte Konzerthalle, die 1944 vom Krieg zerstört wurde und deren Ruine man 1968 gesprengt hatte. Kurt Masur (* 1927), der Gewandhauskapellmeister, hatte nach zähen Verhandlungen die SED von der Notwendigkeit eines Neubaus im Leipziger Zentrum überzeugen können. Das 1743 gegründete Gewandhausorchester fand darin nach 37 Jahren Provisorium ein neues Domizil.

Leipzig – Hauptbahnhof

Ein Bahnhofsgebäude wird zur Shoppingmeile

1968 Reisende bahnen sich ihre Wege durch die eindrucksvolle Querhalle des Leipziger Hauptbahnhofs mit ihren großen Lichtdächern, ob deren Großzügigkeit und Imposanz die ersten Bahnhofsbesucher bei der Eröffnung des Gebäudes am 4. Dezember 1915 nicht schlecht gestaunt haben. Der kolossale Bau der Architekten William Lossow (1852–1914) und Max Hans Kühne (1874–1942) ist mit einer Frontlänge von 298 Metern, jeweils 220 Meter langen Längsbahnsteigen und 26 Gleisen in der Bahnhofshalle auch heute noch der größte reine Kopfbahnhof Europas. Seine Gesamtfläche beträgt 85 000 Quadratmeter, wovon allein das Empfangsgebäude 16 000 Quadratmeter ausmacht.

Reisen und Einkaufen Nach der Übernahme des Gebäudes durch die Deutsche Bahn AG im Jahr 1992 wurde der Bahnhof in der Zeit zwischen 1994 und 1997 für insgesamt rund 250 Millionen Euro umgebaut. Das neue architektonische Prachtstück in Leipzigs Innenstadt bot mit seinen offenen Hallen und hohen Decken zahlreiche Möglichkeiten zur erweiterten Nutzung, sodass die Idee zu einem integrierten Einkaufszentrum nahelag. Im Unter- und Erdgeschoss des Empfangsgebäudes sowie am über 250 Meter langen Querbahnsteig entstand eine imposante moderne Einkaufsgalerie. Seit der Eröffnung der „Promenaden" im Jahr 1997 werden am Leipziger Hauptbahnhof nunmehr nicht nur die täglich etwa 150 000 Pendler und Reisenden, sondern auch Shoppingfans aus nah und fern begrüßt. Auf drei Ebenen kann man in mehr als 140 Geschäften – selbst am Wochenende – leicht dem Kaufrausch verfallen.

Leipzig – Kroch-Hochhaus
Erstes Hochhaus der Stadt

1928 Zur Herbstmesse 1928 hatten sich die Leipziger etwas Besonderes einfallen lassen: Auf dem westlichen Teil des Augustusplatzes stand ein Turm aus 1000 weißen Porzellantassen, der mit großen Schriftzügen für Keramikware warb. Umgeben war er von Messebuden, die zum Teil das Modekaufhaus Bamberger & Hertz sowie das Art-déco-Relief am Kroch-Hochhaus verdeckten. Letzteres war gerade erst fertiggestellt worden, nachdem die Idee zum Neubau im Vorfeld heftig diskutiert worden war. Der Bankier Hans Kroch (1887–1970) hatte es als Bürogebäude für seine Bank geplant, jedoch nicht bedacht, dass die Leipziger Stadtväter und die Bevölkerung seiner Höhe von 43 Metern, die sich auf elf Stockwerke verteilte, nicht trauten. Bis dahin gab es noch kein solches Hochhaus in der Stadt.

Gekrönt von Glockenmännern Seine Stabilität hat das Kroch-Hochhaus nach über 60 Jahren nachdrücklich bewiesen. Mittlerweile ist das Gebäude den Leipzigern kein Dorn mehr im Auge. Im Gegenteil: Sie haben es zu schätzen gelernt, was nicht zuletzt an der Ähnlichkeit zum venezianischen Glockenturm am Markusplatz liegt, der als Vorbild diente. Ihm nachempfunden ist auch das Turmschlagwerk mit den zwei mechanischen Glockenmännern. Bis heute schlagen sie zu jeder vollen Stunde. Das Hochhaus und das links daran angrenzende alte Kaufhausgebäude präsentierten sich 1998 noch grau in grau. Zu jener Zeit stand der sogenannte Königsbau kurz vor der Sanierung. Verfallen war das Bauwerk, nachdem es in der Reichspogromnacht 1938 in Brand gesetzt wurde, weil es die Filiale eines jüdischen Unternehmers beherbergte. Auch Kroch war Jude und verlor durch den aufkommenden Nationalsozialismus sein Bankhaus. Er überlebte im Konzentrationslager und floh aus Deutschland.

Leipzig – Grassimuseum

Museum mit wechselndem Standort

1907 Der Leipziger Franz Dominic Grassi (1801–1880) hatte es als Kaufmann und Bankier in seiner Heimatstadt weit gebracht. Als er starb, hinterließ er der Stadt ein Vermögen von mehr als zwei Millionen Goldmark. Das Erbe kam verschiedenen Projekten zugute. Unter anderem kaufte die Stadt ein Grundstück an der Südseite des Königsplatzes, auf dem sie ein Museumsgebäude für die Sammlungen des Völkerkunde- und Kunstgewerbemuseums errichtete. Das an die Stelle der alten Handelsschule getretene Neorenaissancegebäude wurde 1895 fertiggestellt und ist auf dieser Bildpostkarte noch vor seiner Nutzung als Messehaus zu sehen. Denn das so benannte Grassimuseum suchte sich am Johannisplatz ein neues Quartier und zog 1929 aus.

Wiedereröffnung im neuen Jahrtausend Im Gegensatz zum alten Gebäude ist das neue Grassimuseum am Johannisplatz ein Museumskomplex, bestehend aus den Museen für Völkerkunde, für Musikinstrumente und für Angewandte Kunst. Besonders atmosphärisch wirkt das Grassimuseum am Abend, wenn – wie hier – der Innenhof des Museums für Angewandte Kunst angestrahlt wird. Nach der Sanierung des kompletten Museumsareals öffneten die Ausstellungsräume Ende 2007 erneut ihre Tore. Zwar hatte man die Sammlungen durch Auslagerungen in Depots zu großen Teilen vor den Bombenschäden des Zweiten Weltkriegs bewahren können, doch waren die 29 Museumssäle schwer in Mitleidenschaft gezogen und in der Nachkriegszeit nur notdürftig instand gesetzt worden.

GRASSI-MVSEVM

Leipzig – Museum Bildende Künste

Älteste museale Einrichtung der Stadt

1905 Eine bürgerliche Kunstversammlung war es, die das Leipziger Bildermuseum ins Leben rief. Der 1837 gegründete Leipziger Kunstverein, eine Gruppe liberaler Kaufleute, stellte seine gesammelten Kunstwerke 1858–1862 in einem Museumsgebäude am Augustusplatz aus. Das zweigeschossige Städtische Museum war im Stil der Neorenaissance gebaut worden und nahm einen Großteil der Südseite des Platzes ein. Durch zahlreiche Stiftungen und Schenkungen von privaten Kunstfreunden vergrößerte sich der Bestand an Gemälden, Kupferstichen, Handzeichnungen, Grafiken und Skulpturen permanent. Zwischen 1883 und 1886 wurden zwei weitere Flügel angebaut. Besonders auffällig waren die über die gesamte Gebäudebreite verlaufende Terrasse und das flache Dach des Gebäudes mit seiner achteckigen Lichtkuppel. Bereits um die Wende zum 20. Jahrhundert galt das Museum der Bildenden Künste nach den Dresdner Kunstsammlungen als bedeutendste sächsische Galerie. Am 4. Dezember 1943 fiel es den britischen Bomben während des größten Luftangriffs auf Leipzig zum Opfer.

Gläserner Quader Der erste große Kunstmuseumsbau in den neuen Bundesländern steht am zentralen Sachsenplatz und überragt das nebenstehende Stadtgeschichtliche Museum. Die gläserne Außenhaut des quaderförmigen Betonklotzes wurde im Mai 2005 von einigen Besuchern bestaunt. Nach rund 60 Jahren in Fremdquartieren konnte das Museum der Bildenden Künste darin eröffnet werden. Auf den drei Etagen des 40 Meter breiten, 78 Meter langen und 36 Meter hohen Neubaus finden sich fast 3500 Werke der altdeutschen und niederländischen Kunst des 15. und 16. Jahrhunderts, der italienischen Malerei vom 15. bis zum 18. Jahrhundert, der niederländischen Kunst des 17. Jahrhunderts und der deutschen Malerei vom 18. bis zum 20. Jahrhundert. Allerhand Schätze, unter anderen von Lucas Cranach d. Ä. (1472–1553), Caspar David Friedrich (1774–1840) und dem Leipziger Maler Max Liebermann (1847–1935), werden ausgestellt. Die Arbeiten von Künstlern wie Otto Dix (1891–1969), Emil Nolde (1867–1956) oder Paul Klee (1879–1940) hingegen fehlen, da sie mit Hunderten anderen Kunstwerken im Zuge der nationalsozialistischen Aktion „Entartete Kunst" 1937 beschlagnahmt und im Ausland versteigert wurden.

Leipzig – Romanushaus

Vom Wohnhaus zum literarischen Salon

1987 Kurz nach seinem Amtsantritt hatte der Leipziger Bürgermeister Franz Conrad Romanus (1671–1746) auf einem Grundstück an der Ecke Brühl-/ Katharinenstraße einen Repräsentationsbau errichten lassen, der 1704 fertiggestellt wurde und damals als das prächtigste Bürgerhaus von Leipzig galt. Nach seinem Vorbild wurden viele neue Häuser gestaltet, weshalb eine Blüte barocker Bürgerhäuser einsetzte. Um die Bausumme des 150 000 Taler teuren Besitztums decken zu können, beging Romanus Unterschriftenfälschung auf Geldwechseln und Ratssiegelmissbrauch. Als dies öffentlich wurde, ließ ihn August der Starke (1670–1733) 1705 gefangen nehmen und 1706 auf die Festung Königstein in der Sächsischen Schweiz bringen. Dort blieb er insgesamt 41 Jahre bis zu seinem Tod in Untersuchungshaft. Weil er in der Vergangenheit ein Günstling des Kurfürsten war, wurde nie Anklage gegen ihn erhoben.

Treffpunkt für Künstler und Kaffeeliebhaber Trotz der Machenschaften ihres Mannes wurde der Bürgermeisterehefrau das Romanushaus zugesprochen. Marianne von Ziegler (1695–1760), die Tochter von Romanus, führte darin einen literarischen Salon. Hier verkehrten Schiller, Bach und Gottsched. Als es 1772 den Eigentümer wechselte, zog das Kaffeehaus Richter ins Obergeschoss. Nach mehrfachen Sanierungen wurde Mitte der 1990er-Jahre über dem reich ornamentierten Nordgiebel das 1874 abgebrochene Belvedere wieder angebracht – ein fünf Fenster breiter und ein zwei Fenster tiefer Aussichtspunkt auf dem Mansardendach. In den letzten Jahren wurde das glanzvolle Büro- und Geschäftshaus noch einmal von außen erneuert und mit einem Farbanstrich versehen. Was in diesen Tagen fehlt, ist die Skulptur, die noch vor einigen Jahrzehnten in der von zwei Säulen flankierten Ecknische stand.

Leipzig – Turnfest

Sportlich-politische Massenveranstaltung seit 1860

1987 Trotz der deutschen Teilung riss die Tradition des Deutschen Turn- und Sportfestes, erstmals 1860 in Coburg abgehalten, nicht ab. Ab August 1954 fanden die Turn- und Sportfeste der DDR im sportbegeisterten Leipzig statt, wobei die sportlichen Darbietungen mit politischer Propaganda verbunden waren. Von der Osttribüne des Leipziger Zentralstadions wurden mithilfe der 12 000 dort sitzenden Mitwirkenden sozialistische Leitsprüche sichtbar, während sich die Turnerinnen und Turner in der Mitte zusammenfanden, um präzise und aufwendig einstudierte Bewegungsabläufe zu vollführen. Vom 27. Juli bis zum 2. August 1987 beherbergte Leipzig das VIII. und damit letzte Turn- und Sportfest der DDR, das mit 100 000 Zuschauern großen Anklang fand. In den Jahren 1954, 1956, 1959, 1963, 1969, 1977, 1983 und 1987 gingen insgesamt acht Massendarbietungen über die Bühne, ab 1977 richtete Leipzig zeitgleich auch die „Zentralen Kinder- und Jugendspartakiaden" aus.

Vielfalt an Disziplinen Nachdem München 1998 die Gastgeberstadt des Deutschen Turnfests war, wechselte die sportliche Großveranstaltung 2002 nach Leipzig: Damit wurde die Stadt zum zwölften Mal als Austragungsort ausgewählt. Abgehalten wurde das 31. Deutsche Turnfest im neuen Zentralstadion. Rhönradturnen war dabei nur eine der vielen Disziplinen, die Geschicklichkeit und Kreativität verlangen. Daneben gab es unter anderem Wettkämpfe in den Sportarten Beachhandball, Indiaca (Rückschlagspiel mit einem Indiacaball), Orientierungslauf, Prellball, Ringtennis, Rope-Skipping oder Völkerball.

Leipzig – Völkerschlachtdenkmal

Monument der Superlative

Um 1913 Wie zahlreiche spätere Besucher, so reisten im Jahr 1913 auch der sächsische König und der deutsche Kaiser auf der Straße des 18. Oktober an, um anlässlich des 100. Jahrestags der Völkerschlacht ein riesiges Denkmal einzuweihen. Den 96 Meter hohen Koloss in Pyramidenform hatte man nach dem Entwurf von Bruno Schmitz (1858–1916), dem Erbauer des Kyffhäuserdenkmals, an der Stelle der heftigsten Kämpfe aus 26 500 Steinblöcken zusammengefügt. Für den 1898 begonnenen Bau brauchte man fast 15 Jahre, weil jeder einzelne Block über eine Tonne wog. Das Mahnmal soll an die 120 000 Toten der Völkerschlacht und die Befreiung von der napoleonischen Besatzung durch die Heere der Österreicher, Preußen, Russen und Schweden erinnern. Die Massenschlacht mit einer halben Million Soldaten aus ganz Europa fand überwiegend in und um Leipzig statt.

Finanzierung in Eigeninitiative Initiiert und finanziert wurde das damalige Bauvorhaben 1894 durch den Deutschen Patriotenbund, der nur zwölf Jahre später bereits 90 000 Mitglieder zählte. Nachdem der Bau in der Vergangenheit vor allem mithilfe von Spenden und einer Lotterie finanziert wurde, hofft der Förderverein Völkerschlachtdenkmal e. V. nun auf den gleichen Erfolg, um die Sanierung des Mahnmals und seiner Ruhmeshalle bis zum 18. Oktober 2013, dem 200. Jahrestag des Großereignisses der europäischen Geschichte, zu bewerkstelligen. Denn das Bauwerk benötigt eine umfassende Überholung, nicht zuletzt damit die mit vielen Plastiken verzierte Außenfassade in neuem Glanz erstrahlt und die Besucher den Rundblick von der Aussichtsplattform wieder genießen können.

Leipzig – Portal des Bayerischen Bahnhofs
Ein Bahnhofsportal tritt einen Schritt zur Seite

1990 Das Bahnhofsportal des Bayerischen Bahnhofs in Leipzig ist eines der ältesten in Deutschland, und es soll am Morgen des 10. April 2006 ein Stück nach links versetzt werden. Der Bayerische Bahnhof wurde zwischen 1841 und 1844 nach Plänen des Leipziger Architekten Christian August Eduard Pötzsch (1803–1889) südöstlich der Leipziger Altstadt erbaut. Von dem Bahnhofsgebäude am Bayerischen Platz, das einst als nördlicher Endpunkt der Sächsisch-Bayerischen Eisenbahn diente, sind nach dem Krieg nur noch das Portal und die seit 1999 von einer Brauerei genutzten Westhallen erhalten. Die hölzerne Bahnhofshalle war hingegen bei den Bombenangriffen im Zweiten Weltkrieg ausgebrannt, und auch die Gebäudeteile an der Ostseite mussten infolge der Zerstörungen in späterer Zeit größtenteils abgerissen werden. Da man befürchtete, die Bauarbeiten für den neuen Tunnelbahnhof könnten das denkmalgeschützte Bauwerk beschädigen, hatte man sich zur Versetzung des Portals entschlossen.

30 Meter ostwärts Ein Monument wie der von zwei Türmen flankierte Portikus des ältesten erhaltenen Kopfbahnhofs Deutschlands wird nicht alle Tage versetzt, und so finden sich zu dem Spektakel Hunderte Leipziger hinter den Absperrungen am Bayerischen Bahnhof ein. Als um 9 Uhr morgens der sächsische Wirtschaftsminister Thomas Jurk (* 1962) und der Leipziger Oberbürgermeister Burkhard Jung (* 1958) auf den symbolischen Startknopf drücken, setzt sich der rund 16 Meter hohe und 30 Meter lange Portikus des 2001 stillgelegten Bahnhofs in Bewegung. Auf einem speziellen Gleitschlitten tritt das am Fundament ausgehobene und dort mit Beton verstärkte Portal seine 30 Meter lange Reise an. Etwa 2800 Tonnen gleiten auf den Schienen gemächlich ostwärts. Die ersten Meter sind schnell bewältigt, sodass der Koloss schließlich planmäßig am späten Abend seinen neuen Standort erreicht. Mehrere Monate wird das Portal hier stehen, bevor es nach der Fertigstellung der City-Tunnel-Station wieder die Rückreise an seinen ursprünglichen Platz antritt. Im Bildhintergrund ist bereits der Schacht für den City-Tunnel zu erkennen, der den Bayerischen Bahnhof mit dem Hauptbahnhof verbinden soll.

ANKUNFT
ABFAHRT
SÆCHS. BAYERSCHE STAATS-EISENBAHN

ANKUNFT
ABFAHRT
SÆCHS. BAYERSCHE STAATS-EISENBAHN

SÆCHS. BAYERSCHE STAATS-EISENBAHN

Heuersdorf – Emmauskirche

Verlegung eines Gotteshauses

2007 Den Kampf um seine Existenz hat Heuersdorf schon längst verloren. Die kleine Ortschaft südlich von Leipzig soll aufgrund ihrer Braunkohlevorkommen abgebaggert werden. Im Bildhintergrund erheben sich bereits die Sandberge des Tagebaus. Die sächsische Staatsregierung und die Mitteldeutsche Braunkohlengesellschaft mbH (Mibrag) hatten die Umsiedlung der Einwohner verlangt. Bald wird der Tagebau das gesamte Dorf verschlucken. Lediglich die 750 Jahre alte Emmauskirche soll an einem anderen Standort erhalten werden. Anders als die meisten der ehemals hier ansässigen Einwohner wird das Gotteshaus im benachbarten Borna eine neue Heimat finden. Die Freilegungs- und Sicherungsarbeiten an der romanischen Kirche sind am 26. September 2007 bereits in vollem Gange.

Emmauskirche zieht um Am 25. Oktober 2007 wird dann tatsächlich die Emmauskirche umgesiedelt. Das Vorhaben wurde durch eine technische Meisterleistung ermöglicht: Um das nahezu 800 Tonnen schwere Gebäude in einem Stück und samt Kirchturm zu transportieren, musste es zunächst auf einen 32 Meter langen Spezialtransporter gehoben werden. Am Mittag setzte sich der ungewöhnliche Tross mit dem mittelalterlichen Bau in Bewegung. Während der Reise musste das 8,90 Meter breite und knapp 20 Meter hohe Gotteshaus zwei Flüsse, zwei Bahnübergänge sowie einige enge Straßen passieren. Der im Schritttempo voranschreitende Umzug wurde von Baustatikern überwacht.

Neue Heimat Borna Am 30. Oktober 2007 ist der Umzug der Heuersdorfer Emmauskirche in die Kreisstadt Borna abgeschlossen. Am Reformationstag wird sie auf dem Martin-Luther-Platz neben der Marienkirche auf ihr neues Fundament abgesenkt. Mit dem spektakulären Umzug des Gotteshauses ist eine der ältesten Wehrkirchen des Landes vor dem Abriss bewahrt worden. Exakt ein Jahr nach dem letzten Gottesdienst in Heuersdorf wurde das romanische Bauwerk mit einem Gottesdienst am neuen Standort geweiht. Als Mahnmal wird die Emmauskirche künftig an Heuersdorf und die vielen im Zuge des Braunkohleabbaus abgetragenen Dörfer und Kirchen der Region erinnern.

MAMMOET
MAMMOET

MIBRAG

Grimma – Marktplatz

Jahrhunderthochwasser und Wiederaufbau

2002 Als einstige Nebenresidenz sächsischer Kurfürsten ist die Kreisstadt Grimma reich an Baudenkmälern – umso tragischer war die Zerstörung durch das Jahrhunderthochwasser am 13. August 2002. Das Ausmaß der gänzlich überfluteten Innenstadt von Grimma erschließt sich am besten aus der Luft: Die nur zwei Straßen vom historischen Marktplatz entfernte Mulde war über die Ufer getreten und verteilte sich im Stadtgebiet. Das im Zentrum stehende Renaissancerathaus war von Fluten umgeben und der gegenüberliegende Brunnen kaum noch zu erkennen. Die Flutschäden beliefen sich auf 255 Millionen Euro.

Schadensbeseitigung Dieses Foto ist knapp ein Jahr nach dem Jahrhunderthochwasser entstanden. Bauarbeiter und Handwerker haben ihr Möglichstes getan, um die fast 700 betroffenen Gebäude und die unterspülten bzw. weggerissenen Straßen und Plätze wiederaufzubauen. Auf dem Marktplatz ist nur noch das Rathaus von einem Gerüst umgeben. Die Sanierung schritt rasch voran, da die Stadtbürger den ersten Jahrestag der Flut mit einem Wiederaufbaufest zum Gedenken an die Ausnahmesituation begehen wollten. Der Muldepegelstand von 8,30 Metern war trauriger Rekord, der alle vorherigen Überflutungen übertraf. Fast 3000 Grimmaer waren evakuiert worden.

Oschatz – Neumarkt

Denkmalgeschützter „Schatz"

1990 Wer hätte vermutet, dass Gottfried Semper (1803–1879) in der nordsächsischen Kleinstadt Oschatz ein architektonisches Meisterwerk hinterlassen hat? Der bereits zu Lebzeiten allseits bekannte Baumeister der Dresdner Semperoper lieferte den Entwurf für das Renaissancerathaus am Neumarkt. Dessen Vorgänger wurde wie zahlreiche andere Gebäude, darunter auch die Stadtkirche St. Ägidien mit ihren charakteristischen Zwillingstürmen, ein Opfer des verheerenden Stadtbrands von 1842. Glücklicherweise konnten die zum Marktensemble gehörenden Bauwerke samt Torturm wiederaufgebaut werden. Von Kriegsschäden blieben sie weitgehend verschont, lediglich die Verwitterung zu DDR-Zeiten setzte ihnen merklich zu.

Formvollendeter Sandsteinbrunnen Keine andere Stadt in Ostdeutschland trieb die Sanierungsarbeiten nach der deutschen Wiedervereinigung so energisch voran wie Oschatz. Das Ergebnis kann sich sehen lassen: Die wunderschönen historischen Gebäude am Neumarkt und die schlanken neugotischen Kirchtürme prägen das Stadtbild und ziehen scharenweise Touristen an. Sie können nach einem Besuch der Stadtinformation auf den Parkbänken in der Mitte des neu gepflasterten Neumarkts ausruhen. Als fröhlicher Farbfleck sticht dort der Brunnen mit den vier toskanischen Säulen aus dem 16. Jahrhundert hervor. Nach dem Vorbild des Goldenen Brunnens in Leipzig wurde er aus Pirnaer Sandstein gehauen.

Torgau – Elbe-Day

Geschichtsträchtige Begegnung

1945 In Torgau entstand diese außergewöhnliche Fotografie: Zwölf US-amerikanische und sowjetische Soldaten laufen Arm in Arm durch die Straßen der Stadt. Die Vorausabteilungen der 1. US-Armee und der 5. Sowjet-Garde-Armee waren sich tags zuvor, am 25. April 1945, an einem gesprengten Brückenkopf der Elbe in der Nähe von Torgau begegnet. Der Händedruck des amerikanischen Leutnants William Robertson mit dem Russen Alexander Silwaschko wurde im Nachhinein offiziell zum ersten Zusammentreffen alliierter Truppen erklärt, obwohl die Soldaten bereits wenige Stunden zuvor im elbaufwärts gelegenen Ort Strehla Kontakt miteinander aufgenommen hatten.

Militärhistorischer Vereinseinsatz Jahr für Jahr wird diese denkwürdige Begegnung von ortsansässigen militärhistorischen Vereinen nachgestellt. Im Rahmen des jährlich zelebrierten Elbe-Day, einem Volksfest mit Auftritten internationaler Jazz- und Musikergruppen, platzierten sich die verkleideten Vereinsmitglieder 2005 mit den entsprechenden Fahnen in den Weiten der Elbaue vor dem Frührenaissanceschloss Hartenfels, in dessen Nähe ein Denkmal an das Kriegsende erinnert. In diesem Jahr jährte sich das historische Treffen zum 60. Mal, weshalb die Torgauer mehrtägige Feierlichkeiten abhielten.

Register

Bildnachweis

Für die Bereitstellung von Bildmaterial zur Verwendung in diesem Buch dankt der Verlag der Bildagentur picture alliance.

pa•picture alliance

Umschlagabbildungen picture-alliance/akg-images, picture-alliance/ZB/Rainer Weisflog, picture-alliance/ZB/Matthias Hiekel **Seite 2** picture-alliance/Okapia/Harald Lange **6** picture-alliance/ZB/Jürgen Lösel picture-alliance/ZB/Wolfgang Thieme **10** picture-alliance/dpa/Werner Backhaus **11** picture-alliance/Bildagentur Huber/Szyszka **12** picture-alliance/dpa/Backhaus-Pohl **13** picture-alliance/ZB/Wolfgang Thieme **14** picture-alliance/akg-images **15** picture-alliance/ZB/Hendrik Schmidt **16/17** picture-alliance/ZB/Wolfgang Thieme **18/19** picture-alliance/ZB/Wolfgang Thieme **20** picture-alliance/akg-images **21** picture-alliance/ZB/Wolfgang Thieme **22** picture-alliance/ZB/Uimer **23** picture-alliance/ZB/Peter Endig **24** picture-alliance/akg-images **25** picture-alliance/ZB/Jan-Peter Kasper **26** picture-alliance/dpa/Kai-Uwe Wärner **27** picture-alliance/ZB/Wolfgang Thieme **28** picture-alliance/akg-images **29** picture-alliance/ZB/Wolfgang Thieme **30** picture-alliance/Bildagentur Huber/Krammisch **32** picture-alliance/akg-images **33** picture-alliance/ZB **34** picture-alliance/dpa/Backhaus **35** picture-alliance/Bildagentur Huber/F. Damm **36/37** picture-alliance/ZB/Wolfgang Thieme **38** picture-alliance/akg-images 39 picture-alliance/ZB/Wolfgang Thieme **40** picture-alliance/ZB/Wolfgang Thieme **41** picture-alliance/ZB/Wolfgang Schmidt **43o** picture-alliance/akg-images **43u** picture-alliance/ZB/Jan-Peter Kasper **44** picture-alliance/akg-images **45** picture-alliance/ZB/Wolfgang Thieme **46** picture-alliance/akg-images **47** picture-alliance/ZB/Wolfgang Thieme **48** picture-alliance/ZB/ddrbildarchiv.de **49** picture-alliance/ZB/Matthias Hiekel **50** picture-alliance/ZB **51** picture-alliance/ZB/Ralf Hirschberger **52** picture-alliance/Bildagentur Huber/Szyszka **54** picture-alliance/dpa **55** picture-alliance/ZB/Matthias Hiekel **56** picture-alliance/dpa/Fritz Fischer Archiv **57** picture-alliance/ZB/Hubert Link **58** picture-alliance/ZB/Ulrich Hässler 59 picture-alliance/ZB/Matthias Hiekel **60** picture-alliance/KANN-Bild **61** picture-alliance/ZB/Ralf Hirschberger **62** picture-alliance/akg-images **62/63** picture-alliance/ZB/Ulrich Hässler **63** picture-alliance/ZB/Hubert Link **65o** picture-alliance/ZB/Ulrich Hässler **65u** picture-alliance/ZB/Wolfgang Thieme **66** picture-alliance/akg-images **67** picture-alliance/ZB/Jörg Lange **69o** picture-alliance/akg-images **69u** picture-alliance/akg-images/Bildarchiv Monheim **70** picture-alliance/dpa **71** picture-alliance/Bildagentur Huber/Kolley **72** picture-alliance/Schirner Sportfoto **73** picture-alliance/ZB/Thomas Eisenhuth **74** picture-alliance/dpa/Ullstein Verlag **75** picture-alliance/ZB/Ulrich Hässler **76** picture-alliance/akg-images **77** picture-alliance/ZB/Thomas Lehmann **78** picture-alliance/dpa/Chris Hoffmann **79** picture-alliance/ZB/Matthias Hiekel **80** picture-alliance/akg-images **81** picture-alliance/ZB/Ulrich Hässler **82** picture-alliance/dpa/Backhaus-Pohl **83** picture-alliance/dpa/Ralf Hirschberger **84** picture-alliance/ZB/Ulrich Hässler **85** picture-alliance/ZB/Jörg Lange **86** picture-alliance/akg-images **87** picture-alliance/ZB/Ralf Hirschberger **88** picture-alliance/dpa/Fritz Fischer **89** picture-alliance/ZB/Jürgen Lösel **90** picture-alliance/akg-images **91** picture-alliance/dpaweb/Matthias Hiekel **92** picture-alliance/ZB/Ulrich Hässler **93** picture-alliance/ZB/Matthias Hiekel **94** picture-alliance/Bildagentur Huber/R. Schmid **96** picture-alliance/dpa/Benny Siegert **97** picture-alliance/ZB/Matthias Hiekel **98** picture-alliance/ZB/Ulrich Hässler **99** picture-alliance/ZB/Matthias Hiekel **100** picture-alliance/ZB/Manfred Uhlenhut **101** picture-alliance/ZB/Thomas Lehmann **102/103** picture-alliance/ZB/Matthias Hiekel **104** picture-alliance/dpa/Backhaus-Pohl **105** picture-alliance/Helga Lade Fotoagentur **107o** picture-alliance/akg-images **107u** picture-alliance/epd/Harald Krille **108** picture-alliance/akg-images **109** picture-alliance/Bildagentur Huber/Krammisch **110** picture-alliance/akg-images **111** picture-alliance/ZB/Jens Trenkler **112** picture-alliance/ZB/Thomas Lehmann **113** picture-alliance/ZB/Jens Trenkler **114** picture-alliance/ZB/Ulrich Hässler **115** picture-alliance/ZB **116** picture-alliance/ZB/Rainer Weisflog **117** picture-alliance/ZB/Matthias Hiekel **118** picture-alliance/ZB/Jan Woitas **120** picture-alliance/akg-images **121** pa/ZB/Peter Endig **122** picture-alliance/akg-images **123** picture-alliance/ZB/Wolfgang Kluge **124** picture-alliance/akg-images **125** picture-alliance/ZB/Wolfgang Kluge **126** picture-alliance/akg-images **127** picture-alliance/ZB/Waltraud Grubitzsch **128** picture-alliance/ZB/Wolfgang Kluge **129** picture-alliance/ZB/Jürgen Lösel **130** picture-alliance/ZB/Eva Richter **131** picture-alliance/ZB/Jan Woitas **132** picture-alliance/akg-images **133** picture-alliance/ZB/Waltraud Grubitzsch **134** picture-alliance/ZB/Wolfgang Kluge **135** picture-alliance/ZB/Peter Endig **136** picture-alliance/akg-images **137** picture-alliance/ZB/Peter Endig **139o** picture-alliance/akg-images **139u** picture-alliance/ZB/Peter Endig **140** picture-alliance/akg-images **141** picture-alliance/ZB/Peter Endig **142** picture-alliance/akg-images **143** picture-alliance/ZB/Wolfgang Kluge **144** picture-alliance/ZB/Reinhard Kaufhold **145** picture-alliance/Sven Simon **146** picture-alliance/akg-images **147** picture-alliance/HB-Verlag/Marc-Oliver Schulz **148** picture-alliance/akg-images/Dieter E. Hoppe **149** picture-alliance/dpaweb/Jan Woitas **150** picture-alliance/ZB/Peter Endig **151** picture-alliance/dpa/Jan Woitas **152** picture-alliance/ZB/Jan-Peter Kasper **153** picture-alliance/ZB/Peter Endig **154** picture-alliance/dpa/Backhaus-Pohl **155** picture-alliance/Bildagentur Huber/Krammisch **156** picture-alliance/akg-images **157** picture-alliance/ZB/Waltraud Grubitzsch

Verlag und Redaktion bedanken sich ganz besonders bei Ellen Hansmann für die hervorragende Unterstützung bei der Bildredaktion zu diesem Buch.